60년 가까이 인생이라는 여행을 하면서 안타까운 때가 적지 않습니다. 저는 여물지도 못했고 문제의식도 분명치 않았던 고등학교 1학년 때 예수라는 분을 통해 삶의 의미와 목적을 발견했습니다. 그 후 인생길을 걸으면 걸을수록 이 여행이 참으로 아름답고 귀하게 다가옵니다. 하지만 제가 사랑하는 많은 이들이 '이 길'을 오해하고, 그 오해 때문에 이 길에 발을 들이지 못하고 방황하는 모습을 보면 참으로 안타깝습니다. 더구나 저를 비롯해 여러 선배, 동료 그리스도인들이 남긴 어지러운 걸음으로 혼란을 일으키기도 하여 제 안타까움은 절박함으로 바뀌었습니다.

세상에 살면서도 그 세상에 함몰되지 않으려 애쓰고, 자신과 세상과 하나님에 대해 진실한 질문을 던지며 답을 찾는 사람이 있습니다. 그런 '찾는이'를 어떻게 도울 수 있을까요? 결국 이 여행은 각자가 선택한 길을 걷는 것이지만, 그 길이 신나고도 의미 있는 여행이 되도록 이 길을 조금 더 먼저 걸어 보고 또 많은 이들을 안내했던 사람으로서 이 책을 내놓습니다. 이 책에는 진정한 삶을 위한 예수 그리스도의 바람이 스며있습니다. 아프지만 아름다운 인생길, 함께 걸어갈 수 있기를 부디 바랍니다.

만나지
않으면

변하지
않는다

만나지 않으면
변하지 않는다

ⓒ 생명의말씀사 2017

2017년 3월 17일 1판 1쇄 발행
2023년 10월 24일　　 9쇄 발행

펴낸이 ㅣ 김창영
펴낸곳 ㅣ 생명의말씀사

등록 ㅣ 1962. 1. 10. No.300-1962-1
주소 ㅣ 서울시 종로구 경희궁1길 6 (03176)
전화 ㅣ 02)738-6555(본사) · 02)3159-7979(영업)
팩스 ㅣ 02)739-3824(본사) · 080-022-8585(영업)

지은이 ㅣ 김형국

기획편집 ㅣ 서정희, 김세나
디자인 ㅣ 윤보람
인쇄 ㅣ 영진문원
제본 ㅣ 보경문화사

ISBN 978-89-04-16582-7 (03230)

저작권자의 허락없이 이 책의 일부 또는 전체를
무단 복제, 전재, 발췌하면 저작권법에 의해 처벌을 받습니다.

만나지 않으면

변하지 않는다

김형국 지음

생명의말씀사

차례

들어가며_ 그를 만난 이후, 삶은 달라질 수밖에 없습니다 •10

1.
누구도 모르는
고통 가운데 있는
당신을 만난다 •15

| **만남의 순간, 하나**
나인성 과부 | 고통과 슬픔의 심연 가운데 있는 당신
"과연 누가 나의 고통을 헤아릴 수 있을까?
도대체 하나님이 계시기는 한 겁니까?
세월이 약이라는데….
지내보면 그렇게 좋은 약은 아닌 것 같아요….
고통의 순간에는 세월조차 너무나 천천히 가거든요.
버틸 때까지 버티다가 이젠 내 자신을 포기하게 되네요.
울지 말라고요? 당신이 함께 한다고요? 그게… 무슨 뜻이죠?" |

2.
숨어서 우는
외로운
당신을 만난다 ・53

만남의 순간, 둘 영원한 생수를 찾아 헤매는 당신
사마리아 여인
"아무도 나를 사랑하지 않고,
아무도 내 말에 귀 기울이지 않고,
아무도 내 마음속 아픔과 고민을 알아주지 않아요.
이 외로움은 부모나 친구와도 나눌 수가 없네요….
예수님이 나 같은 사람을 찾아오실까요? 설마… 아니겠지요.
내가 그럴 만한 가치가 있나요?
우리 부모나 친구도 나를 부끄러워하는데, 나 같은 사람을?"

3.
무한경쟁,
전쟁 같은 삶에 무너진
당신을 만난다

만남의 순간, 셋
삭개오

허망한 성공의 사닥다리 앞에 있는 당신

"네 인생, 이만하면 괜찮아."
"아니야, 사실 안 괜찮아. 지쳤어… 너무 허무하잖아."
'성공에 눈이 멀었다고? 이만한 짓은 다 하고 살아.
이걸로 나를 나쁘다고 할 수 있을까?'
'세상이 다 그래, 나만 이런 게 아니잖아?'

4.
껍데기만 남은
종교 생활에 길을 잃은
당신을 만난다

만남의 순간, 넷
니고데모

진리 앞에 텅 빈 내면을 비춰보는 당신

"종교는 있지요. 가끔 마음의 위안도 받습니다.
그런데… 그냥 그럭저럭하고 있죠."
"어차피 사는 게 다 이렇지 뭐, 다른 사람은 안 그런가?
오늘 밤엔 영화나 한 편, 아니면 술이나 한 잔…"
"다시 태어나야 한다고요? 그게 뭔가요?"
"저는 죽은 다음은 몰라요. 무(無)가 되겠지요.
그냥 지금 삶에 충실할게요."

5.
아무 의미 없이
바쁘고 피곤한
당신을 만난다 • 153

만남의 순간, 다섯 베드로	지칠 대로 지친 일상 속의 당신 '내가 누구지? 내 가치는 도대체 뭘까? 어떻게 살아야 할까?' "이렇게 사는 게 전부는 아닌 것 같은데… 지쳐만 가네요." "쳇바퀴 도는 일상이 풍성하고 황홀한 삶으로? 음… 그게 말이 되나요?"

6.
그리고
오늘도 당신을
만난다

만남의 순간, 여섯 지금 이 순간에도 예수는 당신을 찾아갑니다
당신
"그곳이 어디든 그곳에서 당신을…"

들어가며

그를 만난 이후, 삶은 달라질 수밖에 없습니다

자신을 하나님의 아들이라 주장한 촌구석 출신 목수가 있었습니다. 그 주장을 뒷받침할 만한 어떤 배경도 인맥도 경험도 없었습니다. 그런데도 수많은 사람이 그를 찾았고, 그를 만난 후 인생이 바뀌었습니다. 3년이 안 되는 짧은 기간에 그는 수많은 인생을 치유하고 회복했으며, 삶의 의미와 살아갈 힘을 심어 주었습니다.

그는 늘 '삶의 현장'에서 사람들을 만났습니다. 종교 지도자이니 당연히 성전이나 회당에서 사람들을 만나 설교하고 종교 행사를 주도했을 법한데, 그는 늘 사람들을 찾아 삶의 현장으로 들어갔습니다. 그곳에는 다양한 삶의 국면과 인생의 단계를 맞닥뜨린 이들이 있었습니다. 다양한 상황에서 자신만의 걱정과 필요로 머리를 싸맨 이들이 손을 내밀었습니다. 무엇보다 당장의 필요만이 아니라, 하루하루 살지만 그냥 지나치기에는 너무 소중한 인생의 질문을 마음속 깊이 간직한 채 말이죠. 마치 우리처럼요.

오늘도 사람들은 그를 만납니다

촌구석 목수 출신인 젊은 예수는 성별, 지위, 연령 그 무엇에도 구애받지 않고 한 사람 한 사람씩 만났습니다. 그들 이야기에 귀 기울였고, 무엇이 필요한지 꿰뚫어 보았으며, 적실한 답을 들려주었습니다. 우연처럼 보이는 이 만남이 실제로는 일생일대의 소중한 만남이었으며, 그래서 예수를 만난 이후의 삶은 달라질 수밖에 없었습니다. 드라마 같은 이 이야기들은 예수의 행적을 기록한 신약성경 사복음서에 잘 나와 있습니다.

  그런데 정말 신기한 것은 예수가 죽은 지 2천 년이 지난 지금까지도 셀 수 없이 많은 이들이 그를 만나고 있다는 사실입니다. 이 책을 쓰고 있는 저 역시 그중 한 사람이라 너무 자랑스럽고 가슴 시큰할 정도로 고맙습니다. 오늘도 사람들은 예수를 만난다고 합니다. 더 정확하게 표현하면 우리 삶의 현장에 예수가 찾아온다고 합니다.

  우리가 살아내야만 하는 삶의 현장, 우리가 거쳐 가야만 하는 삶의 여정 속으로 예수는 찾아와 우리에게 무엇이 필요한지를 알려줍니다. 우리의 아픈 상처에 반창고를 붙이는 정도가 아니라, 우리 인생의 핵심인 우리의 심장을 치료해 줍니다. 예수는 신비하게도 여전히 사람들을 만나고 있습니다.

카페에서, 야근 현장에서 만나는 예수

이 책은 그래서 2천 년 전 이야기이지만 지금 이야기입니다. 세상은 더 많은 부를 생산해 모든 이들을 풍요하게 만들겠다고 하고, 기술 발전은 상상을 뛰어넘는 편리한 세상을 약속합니다. 하지만 우리 인생은 변한 게 없고 우리 속 아픔과 갈망 역시 그리 변하지 않았습니다. 우리가 발 디디고 숨 쉬며 살아가는 현장에서 그분을 만날 수 있을까요? 촌구석 목수 출신인 예수를 오늘날 복잡한 도시 한복판 카페에서, 눈 빨개진 채로 일하는 야근 현장에서, 성공을 자축하는 파티에서, 홀로 찾은 극장에서 만날 수 있을까요? 그가 우리 삶의 현장에 찾아온다면 신비한 만남은 계속 이어질 것입니다.

자! 그러니 마음의 눈을 열고 우리 삶을 진실하게 바라봅시다. 혹시 그 속에 이미 예수가 와 있는지도 모르니까요.

"과연 누가 나의 고통을 헤아릴 수 있을까?
도대체 하나님이 계시기는 한 겁니까?
세월이 약이라는데….
지내보면 그렇게 좋은 약은 아닌 것 같아요….
고통의 순간에는 세월조차 너무나 천천히 가거든요.
버틸 때까지 버티다가 이젠 내 자신을 포기하게 되네요.
울지 말라고요? 당신이 함께 한다고요? 그게… 무슨 뜻이죠?"

1
만남의 순간, 하나
나인성 과부

―――――――

누구도 모르는
고통 가운데 있는
당신을 만난다

가마솥
뚜껑이 열리고 김이 모락모락 난다.
아들에게 손수 밥도 지어 먹이고 감자도 삶아 주었을 가마솥.
그 가마솥에 물을 데워 머리를 감는 할머니,
느릿하고 정성스럽게 머리를 빗는다.
오랜 세월과 고된 일의 흔적이 고스란히 묻어 있는 손에,
가려졌던 할머니 얼굴이 클로즈업된다.
절망한 눈, 슬픔이 가득한 눈이 드러나고
할머니의 투박한 손은 연신 얼굴을 쓰다듬으며 눈물을 닦아낸다.
자신을 위로하듯 진정시키듯….

아들의 주검
할머니는 아들의 발을 감싸고 정성껏 발톱을 깎는다.
한 톨도 튀어 나가지 않게 조심해서 깎은 발톱을 헝겊 주머니에 넣는다.

한여름 오솔길 풍경이 언뜻 지나간다.

마치 애무하듯이 어루만지며 염을 한다.
염하는 수건을 짤 때 떨어지는 물방울은
한스러운 할머니 눈물처럼 보인다.

순간
넋이 나간 듯 깜짝 놀란 듯, 한줄기 소망이 눈물 고인 할머니 눈에 드러난다.
오솔길을 넘어 희미한 모습이 나타난다.
점점 가까이 점점 가까이

자전거를 탄 건장한 아들의 모습이 시야를 가득 채운다.
체격에 어울리지 않게 천진한 웃음을 지으며
땀 맺힌 이마를 긁적인다.

아들 주검에 귀를 바짝 대본다.
혹시 숨을 쉬지 않을까,
행여 너무 멀어 숨소리를 못 들을새라 얼굴에 얼굴을 바짝 댄다.
이윽고 수의를 당겨 얼굴까지 씌운다.
할머니의 큰 한숨 소리가 들리는 것 같다.

자전거를 탄 아들은 넓은 등을 보이며 뒤돌아 간다.
여름 햇살 속으로 점점 사라진다.

시계
할머니는 시계를 멈춰 놓는다.
아들을 떠나 보낸 시각에
시간이 멈췄다.
영영 6시 1분으로 멈춘 시계 위로
아침인지, 저녁인지 여름의 긴 햇살이 비친다.

_단편영화 "영영"(永永, 1999)

고통과 슬픔의
심연 가운데 있는 당신

사람들은 이런저런 모양으로 다 고통을 겪고 삽니다. 우리 삶은 어쩌면 상당 부분 고통에 절어 있는지도 모릅니다. 누구도 고통을 피할 수 없습니다. 이 글을 읽는 당신도 지금 고통을 겪고 있거나 과거의 어떤 일 때문에 고통의 그림자 속에 있을지 모르겠네요. 요즘 젊은 친구들 고백을 듣다 보면 얼마나 큰 고통과 슬픔을 품고 사는지 깜짝깜짝 놀랍니다. 얼굴은 환하고 밝은데, 그 뒤에는 엄청난 고통과 슬픔의 심연이 자리하고 있더군요.

만약 당신에게 그런 고통이 없다면, 잠깐 멈춰 서서 다른 사람들의 고통에 귀를 기울여 보십시오. 우리 가운데는 고통이 뭔지 잘 모를 정도로 유복한 가정에서 자란 분도 있습니다. 사실 저도 그랬습니다. 고통을 모르고 살았습니다. 초등학교 때는 걸인 아주머니에게 저금통을 깨서 가져다 드리기도 했지만, 그분의 고통을 이해해서라기보다는 동정심으로 그랬던 것 같습니다.

제가 인간의 고통에 처음 눈뜬 때는 대학 1학년 즈음입니다. 제 친구 하나가 같은 학교 의대에 입학해서 같이 테니스를 치려고 라켓을 선물했습니다. 저로서는 나름 굉장히 큰돈을 들인 선물이었습니다. 그런데 이 친구가 라켓도 안 가져올뿐더러 테니스를 아예 안 하는 겁니다. 저는 마음이 좀 상해서 왜 테니스를 안 하냐고 물었습니다. 그러자 친구가 이렇게 답했습니다. "야, 형이 있는데 내가 어떻게 테니스를 치니?"

친구의 형은 소아마비로 하반신이 완전히 마비됐지만, 우리에게는 영웅 같은 존재였습니다. 우리나라 최고 대학의 법대에 들어갔고, 사법고시에 합격해 변호사가 되었습니다. 나중에는 중증장애인으로 그 학교에 입학한 첫 사례로 신문에 보도까지 됐습니다. 신앙심도 깊고 공부도 잘하는 그 형은 우리가 범접하기 어려운 대선배였습니다.

그래서 저는 그 형의 장애에 특별한 느낌이 없었습니다. 장애를 극복한 영웅 같은 존재였기 때문이죠. 하지만 동생은 그렇지 않았습니다. 형 때문에 테니스를 칠 수 없다는 친구의 말을 들었을 때 저는 뒤통수를 세게 맞은 기분이었고, 그때 눈이 번쩍 뜨였습니다. 사람들에게 내가 알지 못하는 고통이 있음을 그제야 알게 됐습니다. 늘 같이 다니는 친구 마음속에 있는 고통도 모른 채 오히려 고통을 가중하는 선물을 했던 거죠.

그때 이후로 저는 사람들이 엄청난 고통 속에서 살아가고 있음을 알아 가기 시작했습니다. 1980년대에 사회과학을 공부하면서 이 땅의 노동자들이 얼마나 큰 고통을 겪고 사는지를 알고는 깜짝 놀랐습니다. 점점 더 눈이 열리기 시작했고 세상의 실상을 보게 되었습니다.

껍데기만 밝은 색으로 칠해져 있는 세상

사람들은 여러 고통과 슬픔, 그로 인한 절망감을 안고 살아갑니다. 물론 겉으로는 아무렇지 않은 척하는 사람들이 대다수입니다. 드러내 문제 삼지 않고 버틸 때까지 버텨 봅니다. 그러다 안 되면 결국은 자기를 포기하는 삶을 선택합니다. 그래서 어떤 사람은 자신을 파괴할 때까지 술을 마시고 또 마십니다. 어떤 사람은 극단적 게으름에 빠지거나 무기력하게 살아갑니다. 반대로 어떤 사람은 고통과 절망을 극복하고자 열심히 성공을 추구합니다. 물론 극히 일부는 이런 고통을 조금도 겪지 않은 채 세상을 그저 아름답게만 보며 살아갑니다.

절망적 고통은 피할 수 없는 현실이라, 사람들은 더욱 그 현실을 외면하고 싶어 합니다. 꽤 오래전에 제가 이런 이야기를 하니까, 하나님을 알지 못하는 한 여학생이 도발적인 질문을 했습니다. "도대체 그리스도인들은 왜 세상을 어둡고 칙칙한 색깔로 칠해서 신앙 없는 사람들을 위협하고 불안하게 만드는 거죠?"라며 제게 항의했습니다. 그때 저는 그 친구에게 이렇게 대답했습니다. "그렇지 않아요. 아무렇지도 않은 세상을 어둡게 칠하는 것이 아니라, 껍데기만 밝은색으로 칠해져 있는 세상을 정직하게 바라보는 것입니다."

어떤 사람들은 교회에서 칙칙한 이야기는 하지 말고 희망차고 즐거운 이야기만 하면 좋겠다고 말합니다. 그러나 그리스도인이 된다는 것은 세상을 자기가 보고 싶은 대로 그저 긍정적으로만 보지 않고, 오히려 세상을 직시하고 직면하는 데서 출발합니다.

많은 사람이 젊을 때 고통이 찾아오면 그냥 "좋아지겠지"라고 합니다. "시간이 지나면 어른이 되고 힘겨운 과거에서 벗어날 때가 오겠지. 좋은 날이 오겠지"라고 생각합니다. 나이 든 사람은 고통에 이미 익숙해져서 세월이 약이라며 스스로 위로도 하고 서로 다독이기도 합니다. 아픔을 삭이며 살아가는 것이죠. 그러나 세월이 약이라고 하는데, 지내보면 그렇게 좋은 약은 아닌 것 같습니다. 왜냐하면, 고통의 순간에는 세월이 너무나 천천히 가기 때문입니다.

고통 중에 하나님을 만난다는 것

많은 분이 이런 어려움을 겪었고 지금도 겪고 있으며 앞으로 겪을 텐데, 그 와중에 하나님은 무엇을 하고 계실까요. 또 고통 중에 하나님을

고통 중에 하나님을 만난다는 것에
무슨 의미가 있을까요?

만난다는 것에 무슨 의미가 있을까요?

여기, 가장 큰 고통에 빠져 있는 한 여인이 있습니다. 이름은 나오지 않고, 단지 '나인성에 사는 과부'라고만 나옵니다. 누가복음 7장 11절부터 17절까지의 기록입니다.

> 얼마 후에 예수께서 나인이라는 성으로 들어가셨는데, 제자들과 큰 무리도 함께 갔다. 예수께서 성문 가까이 가셨을 때, 어떤 사람들이 죽은 사람 하나를 들고나오고 있었다. 어떤 과부의 외아들이었다. 동네 사람들 무리가 그 여자와 함께했다.
> 주께서 그 여자를 보시자 마음이 쓰여 말씀하셨다. "울지 마세요."
> 그러고는 다가가서, 상여를 멘 이들이 가만히 서 있는 동안 상여에 손을 대셨다. 그러고 나서 말씀하셨다. "청년아, 일어나라!"
> 그러자 죽은 사람이 일어나 앉아 말을 하기 시작했다. 예수께서는 그를 그의 어머니에게 돌려주셨다. 거기 있던 사람들이 모두 경외감에 사로잡혀 하나님을 찬양하며 말했다. "우리 가운데서 위대한 예언자가 나왔고, 하나님이 자기 백성을 향해 얼굴을 돌리셨다."
> 예수에 대한 이 소식은 유대 전체와 인근 지역에 두루 퍼졌다.

본문에는 나인이라는 성읍이 나옵니다. 그 성을 중심으로 두 행렬이 만나고 있습니다. 하나는 예수를 따르는 제자들입니다. 이들의 분위기를 색깔로 나타낸다면, 연두나 노랑 같은 생명 가득한 색이겠죠. 예수를 따르는 이들은 예수가 로마를 몰아내고 이스라엘 백성을 해방시킬 것이며, 그 과정에서 자신들은 민족 지도자인 예수의 오른팔이나 왼팔이 되리라 여기며 좇았습니다. 굉장히 기뻐하고 자랑스러워하면서 예수를 따르는 그림이 그려집니다.

이와 대조적으로 나인성에서는 과부의 죽은 아들을 메고 장례 행렬이 나오고 있습니다. 이 행렬의 색깔은 아마도 검고 어두웠을 것입니다. 행렬의 중심은 하나뿐인 아들을 잃은 과부입니다. 남편도 없이 아들 하나 있었는데 그 젊은 외아들이 죽었습니다. 이 두 행렬이 성문 가까이에서 만납니다.

누가 그 고통을 헤아릴 수 있을까요

1990년대 초에 저도 큰 고통 가운데 있었는데 그때 책 한 권을 만났습니다. 소설가 박완서 씨가 아들을 잃고 몸부림치면서 쓴 『한 말씀만 하소서』입니다. 저자의 일기를 모은 책인데, 거기에는 다 자란 아들이 사고로 죽은 뒤, 두 주 동안 몸부림치다가 쓴 글이 있습니다. 다음은 그 일기의 일부입니다.

눈을 뜨니…꿈이었으면 하는 몽롱한 착각을 즐길새도 없이 아들이 이 세상에 존재하지 않는다는 사실이 무서운 괴물처럼 가차 없이 육박해 왔다.…그

다음은 가슴을 쥐어뜯으며 미친 듯이 몸을 솟구치면서 울부짖을 차례였다. 그 일이 나에게 얼마나 중요한 의식인지 아무도 모른다. 목청껏 아들의 이름을 부르면서 통곡하면 소리와 함께 고통이 발산되면서 곧 환장을 하거나 무당 같은 게 되어서 죽은 영혼과 교감할 수 있을 것 같은 예감에 사로잡히곤 했다. 그러나 그런 경지까지 도달한 적은 없다. 번번이 그 직전까지 갔다가 되돌아오곤 했다. 환장은 아무나 하는 게 아니었다.

이 어머니의 고통을 우리가 상상할 수 있을까요? 미쳐 버리는 게 좋겠다며 목 놓아 우는 어머니, 이것이 바로 아이를 잃은 어미의 모습입니다. 그분은 시간이 약이라는 말에 대해, 잊어버리라고 말하는 사람에 대해 이렇게 쓰고 있습니다.

어쩌면 그렇게 한결같이 잊으라는지, 세월이 약이라는 소리를 들을 때처럼 격렬한 반감이 솟구칠 때도 없다. 그 애는 25년 5개월 동안 나를 행복하게 해주었다. 내 기쁨이요, 보람이요, 희망이요, 기둥이었다.…어떻게 25년 5개월 동안이나 나를 기쁘게 해준 아들을 잊는 게 수라고 말할 수 있을까?

홀로 남은 어머니의 고통과 슬픔을 누가 이해할 수 있을까요? 인간이 당하는 고통에는 여러 가지가 있지만, 그 고통 가운데 어미가 자식을 먼저 떠나보내는 고통보다 더 큰 고통은 아마 없을 것입니다.

그런데 박완서 씨는 여기 나오는 나인성 과부보다는 어쩌면 조금 나을지도 모릅니다. 물론 고통은 다 주관적이어서 누가 크다 작다 할 수 없지만, 박완서 씨는 직업도 있고 딸들도 있었으니까요. 나인성 과부는 직업도, 다른 가족도 없이 아들 하나뿐이었습니다. 더구나 2천 년

인간이 당하는 고통에는 여러 가지가 있지만,
그 고통 가운데 어미가 자식을 먼저 떠나보내는
고통보다 더 큰 고통은 아마 없을 것입니다.

전에 과부가 된다는 것은 생존이 위태로워지는 일입니다. 그래서 성경에서는 늘 고아와 과부를 돌보라고 이야기합니다(신명기 14장 29절, 예레미야 22장 3절, 야고보서 1장 27절). 이 과부에게 아들은 하나뿐인 생의 소망입니다. 자기 생명보다도 더 중요한 존재입니다. 아들 때문에 살았는데 그 아들을 잃었습니다. 이 비탄에 잠긴 어미의 마음을 우리가 다 헤아릴 수 있을까요?

고통의 현장으로 걸어 들어온 예수

예수가 이 여인에게 다가갑니다. 인간의 고통 중에 최고의 고통이라 할 수 있는, 하나뿐인 아들을 잃은 과부에게 예수가 다가갑니다. 예수는 나인성 과부를 만나러 고통의 현장으로 걸어 들어갑니다. 예수는 그를 가엾게 여기며 우리가 보기에는 참 이상한 말을 합니다. "울지 마세요."라고 합니다.

영안실이나 상을 당한 집에 가 본 적 있으십니까? 그곳에서 곡하는 가족을 본 적 있으신지요? 슬픔에 절어 어쩔 줄 모르는 사람을 만난 적 있으십니까? 그때 뭐라고 말씀하십니까? 정말 아무 할 말이 없습니다. 위로할 말을 찾을 수가 없습니다. "어떡하니?" "어쩌면 좋니?" 정도입니다.

그런데 예수는 그런 상황에서 "울지 마세요."라고 합니다. 같이 붙들

슬픔에 절어 어쩔 줄 모르는
사람을 만난 적 있으십니까?

고 울어도 시원치 않을 판에 울지 말라니, 누가 이렇게 이야기할 수 있습니까? 황당합니다. 이런 말을 할 가능성은 두 가지뿐입니다. 하나는, 너무 철이 없고 세상 물정을 몰라서 무슨 일이 벌어졌는지 파악 못하고 "왜 이렇게 우세요? 울지 마세요."라고 말할 수 있습니다. 다른 하나는, 엄청난 대안이나 희망을 줄 수 있어서 "울지 마세요."라고 이야기할 수 있습니다. 지금 이 상황에서는 울음을 그치게 할 능력 있는 사람만이 울지 말라고 할 수 있습니다. 그 능력이 무엇인지는 잠시 후에 살펴봅시다.

예수는 결국 살려냅니다

그러고 난 다음 예수는 아들의 관에 손을 댑니다. 관에 손을 대는 행위는 범상한 일이 아닙니다. 잘 보십시오. 예수가 관에 손을 대니까 상여를 메고 가던 사람들이 멈추어 섰습니다. 좀 이상하지 않습니까? 우리 문화에서는 상여가 지나갈 때 누가 관에 손을 댄다고 멈추지 않습니다. 하지만 당시 유대 문화를 알면 이 장면을 이해할 수 있습니다.

당시 유대인에게는 정결(淨潔)에 대한 의식과 법이 많았는데, 그중 하나가 이방인과는 손을 잡지 않고 악수도 하지 않는 것입니다. 이방인이 사는 땅은 밟고 지나가지도 않았습니다. 또 하나가 시체에 손을 대지 않았습니다. 손을 대면 부정해진다고 여겼습니다. 그들이 지키던 종교적 관습이 그랬습니다. 그래서 장례를 치를 때도 특별한 사람만 시신이나 관에 손을 댔습니다. 그 사람들도 장례를 치른 후에는 반드시 자신을 정결케 하는 의식을 치렀습니다.

그런데 예수가 난데없이 관에 손을 댄 것입니다. 이와 비슷한 일은 예수가 나병 환자를 고칠 때도 일어납니다. 나병 환자를 만났을 때 예수가 어떻게 했는지 아십니까? 마태복음 8장 2절부터 3절까지의 기록입니다.

> 그때 예수 앞으로 나병 환자 한 명이 나와서는 무릎을 꿇었다. 그는 "주님, 원하시면 주님께서는 저를 깨끗하게 해주실 수 있습니다."라고 말했다. 예수는 손을 뻗어 그 나병 환자에게 대며 말했다. "당연히 원합니다. 깨끗해지세요!" 그러자 즉시 나병이 사라졌다.

당시 나병 환자는 완전히 버려진 존재였습니다. 온몸에 상처가 나고 그 사이로 고름이 흐르고, 그것들이 엉겨 붙어 지독한 냄새가 났기 때문에 나병 환자도 만지면 정결 의식을 치러야 하는 대상 중 하나였습니다. 제가 예수였다면 5미터쯤 떨어져서 "나아라. 가까이 오지는 말고, 그냥 거기서 나아라."라고 했을 것 같습니다. 그런데 예수는 굳이 나병 환자를 찾아가서 손을 댔습니다. 왜 그랬을까요?

예수의 행위는 단순한 몸짓이 아닙니다. 예수는 그들의 아픔과 슬픔에 동참하기 원했습니다. 그래서 나병 환자의 환부를 어루만집니다.

사람들이 감히 손대려 하지 않는 관에 손을 댑니다. 사람들의 슬픔과 고통에 동참합니다. 어쩌면 예수는 관에 손을 대고 과부를 바라본 그때에 자신의 어머니를 떠올렸을지도 모릅니다. 나인성 과부가 아들을 잃었듯이, 자신의 어머니 마리아도 아들이 고문당하고 십자가에 달려 죽는 모습을 보게 될 줄을 예수는 알고 있었습니다. 그래서 예수가 나인성 과부의 슬픔에 더욱 깊이 동참할 수 있었는지 모릅니다.

그러고는 예수는 기적을 행합니다. 청년을 살립니다. 자신에게 사랑도 있고 능력도 있음을 보입니다. 정결하지 못한 관에 손을 대는 행위는 깊은 사랑이 있어야 가능합니다. 예수는 나인성 과부의 고통에 동참합니다. 그리고 그녀의 아들을 살립니다. 예수는 사랑도 있고 능력도 있는 분입니다. 그래서 결국 그 청년을 살려냅니다.

삶에는 피할 수 없는 고통이 있습니다

인간이 겪을 수 있는 최고의 고통, 누구도 이해할 수 없는 슬픔의 심연 속에 빠져 있던 나인성 과부를 찾아온 예수를 통해, 오늘날 우리 삶의 진실이 무엇인지, 예수가 우리를 어떻게 찾아오는지 알 수 있습니다.

첫째, 우리가 먼저 분명히 해야 할 것이 있는데, 우리 삶에는 피할 수 없는 고통이 있다는 사실입니다. 과거에 겪은 사람도 있고 지금 겪고 있는 사람도 있습니다. 지금까지 겪지 않았다면 불행히도 미래에는 반

고통은 고통으로 남아 있을 가능성이 높습니다.
아픈 것은 아픈 것입니다. 슬픈 것은 슬픈 것입니다.
그것이 우리 삶입니다.

드시 겪을 것입니다. 삶의 절망을 경험하지 않고 생을 마감하는 사람이 있을까요? 고통은 우리 삶 속에 실재하는 것입니다. 안 보이는 척, 없는 척하며 다른 것으로 덮을 뿐, 실제로 존재합니다.

많은 사람이 기독교를 오해합니다. 하나님을 믿으면 고통이 없어진다는 잘못된 메시지를 전하고 또 듣습니다. 예수를 믿으면 병이 낫는다고, 예수를 믿으면 온갖 문제가 해결되고 평탄해진다고 말합니다. 예수를 믿으면 사업이 잘되고, 취직이 잘되고, 시집 장가도 잘 간다고 이야기합니다. 물론 아주 틀린 이야기는 아닙니다. 그러나 하나님을 믿으면 원하는 것을 무엇이든 얻게 된다는 말씀은 성경 어디에도 없습니다.

성경은 깨지고 슬픈 세상을 온전히 치유하고 회복하기 위해 예수가 다시 와서 새로운 세계를 연다고 가르칩니다(요한계시록 21장 3-4절, 골로새서 1장 19-20절, 로마서 8장 18-21절). 만약 우리가 기도해서 병이 다 낫는다면 하나님 나라가 와야 할 이유가 있을까요? 이 땅의 수많은 고통이 기도해서 다 없어진다면, 예수가 다시 올 이유가 있을까요? 그것은 하나님 나라가 온전히 임했을 때 일어나는 일입니다.

기도하면 실제로 병이 낫습니다. 기적 같은 일들이 일어납니다. 그러나 기도하는 대로 모두가 다 낫지는 않습니다. 미국 풀러 신학교에서 기도해서 병이 나은 경우를 신학적으로 연구해 보고 정리한 적이 있습니다. 정확한 통계는 아니지만 기도하면 50% 정도가 병이 낫는다고 보고했습니다. 100%는 아니라는 것입니다.

기독교는 하나님을 믿으면 고통이 없어진다고 가르치는 종교가 아닙니다. 기독교는 마약이나 진통제가 아닙니다. 고통은 고통으로 남아 있을 가능성이 높습니다. 아픈 것은 아픈 것입니다. 슬픈 것은 슬픈 것입니다. 그것이 우리 삶입니다.

예수만큼 고통스러운 삶이 또 있을까요

그런데 우리가 알아야 할 아주 중요한 사실이 있습니다. 고통과 슬픔이 내게 있다고, 우리 인간에게 있다고 겸허히 인정할 때, 그리고 우리보다 먼저 사신 부모님에게도 있었고 내가 사랑하는 사람에게도 있다고 인정할 때, 예수가 우리 고통에 동참하고 있다는 사실을 깨닫습니다. 이것은 중요한 메시지입니다.

성경에 기록된 예수는 실제로 고통의 현장에서 살았습니다. 인간이 겪는 온갖 고통을 다 겪었습니다. 그래서 예수는 고통을 겪는 이들을 알아봅니다. 그래서 성경은 예수가 우리를 긍휼히 여길 수 있다고 말합니다. 그도 경험해 보았기 때문입니다.

예수의 생애를 한번 볼까요? 먼저 태중에서도 평안하지 않았습니다. 태아의 심리에 대해 우리가 확실히 알 수 있는 것은 아니지만 엄마의 심리 상태에 따라 태아도 영향을 많이 받는다고 합니다. 엄마가 불안해하면 아이도 정서적으로 불안한 상태로 태어난다고 합니다. 그런데 예수의 어머니 마리아는 어땠을까요?

16-18세밖에 되지 않는 어린 소녀가 아이를 가졌습니다. 그것도 미혼모였습니다. 당시에는 남편 없이 임신했다가는 죽임을 당할 수도 있었습니다. 마리아는 성령 충만했기 때문에 늘 평안했을까요? 그렇지 않았을 것입니다. 성령 충만했다 할지라도 순간순간 불안하고 걱정했을 것입니다. 그러면 태아 역시 불안했을 것입니다.

출산할 때쯤 마리아는 먼 곳으로 여행해야 했습니다. 무거운 몸으로 움직이기란 굉장히 힘든 일입니다. 또 예수는 마구간에서 태어났습니다. 갓 태어난 아기를 눕힐 곳이 없어서 말구유에 눕혀야 했습니다. 어릴 때부터 교회를 다닌 사람들은 말구유가 거룩하게 느껴지지만 말구유는 그냥 여물통이며 쉽게 말해 말 밥그릇입니다. 이처럼 비참한 출생이 또 있을까요?

예수는 젖먹이 때 헤롯의 유아 살해를 피해 이집트로 떠났다가 돌아옵니다. 자라면서는 어릴 때부터 아버지와 함께 노동을 하며 일을 배웁니다. 예수는 어릴 때부터 땀 흘려 일하는 것이 무엇인지 알았고, 줄줄이 딸린 동생들을 돌본다는 것이 어떤 것인지 알았습니다. 그뿐 아니라 열네다섯 살쯤 아버지를 잃습니다. 사춘기를 지날 즈음에 아버지 없는 아이가 되었습니다. 예수는 홀어머니를 모신다는 것이 무엇인지를 아는 분입니다.

예수가 예닐곱 살 때쯤에는 유대 지역에 큰 반란이 일어나 로마가 무력으로 진압합니다. 정확하지 않지만, 유대인 지도자 이삼백 명이 십자가에 못 박혀 죽었습니다. 당시 예수의 아버지였던 요셉은 목수였습니다. 십자가 이삼백 개를 만들려면 당시 갈릴리 지역의 목수를 모두 동원해야 가능했습니다. 십중팔구 예수의 집에서도 십자가를 만들었을 것입니다. 예수는 자기 집에서 만든 십자가에 유대 민족 지도자들이 매달려 죽는 광경을 보았을 것입니다. 어린 나이에 그들의 처참한 죽음을 지켜보았을 것입니다. 힘센 나라의 지배를 받으며 약소국으로 사는 것이 얼마나 고통스럽고 슬픈지를 예수는 어릴 때부터 경험했습니다. 그분은 로마 군인들의 행패가 일상인 곳에서 자랐습니다.

당신의 슬픔과 고통이 무엇인지 압니다

예수가 공적으로 활동을 시작해 가르칠 때는 어땠습니까? 초기부터 유대 지도자들이 예수를 죽이려고 했습니다. 예수는 여러 차례 살해 위협을 당했습니다.

예수는 제자들을 열심히 가르쳤는데 그중 한 명은 예수를 배신하고 팔아넘겼습니다. 나머지 열한 명도 정말 필요할 때 다 도망가 버렸습니다. 사랑하는 사람에게 배신당한 적 있나요? 모든 것을 다 줬다고 생각했는데 배신당한 적 있나요? 예수는 배신당하는 것이 무엇인지를 뼛속 깊이 경험했습니다.

예수는 고문도 당했습니다. 예수가 십자가에서 얼마나 빨리 숨을 거뒀는지를 보면 얼마나 심하게 고문당했는지 알 수 있습니다. 십자가형은 사람을 빨리 죽이기 위한 처형 방법이 아닙니다. 스파르타쿠스라는 노예는 한 달을 십자가에 못 박혀 있었다는 기록이 있을 정도로, 인간을 천천히 죽이는 형벌입니다. 십자가형은 그렇게 잔악하고 악랄합니다.

아픈 것은 아픈 것입니다.
슬픈 것은 슬픈 것입니다.
그것이 우리 삶입니다.

그런데 예수는 여섯 시간 만에 숨을 거둡니다.
너무나 심한 고문을 당했기 때문입니다.
예수는 고문당한다는 것이 무엇인지 압니다.
또한, 예수는 재판을 받았는데, 역사상 유례를 찾아볼 수 없는
부당한 재판이었습니다. 아니, 재판도 아니었습니다.
예수에게 십자가형을 선고하기 위해 재판의 형식을 빌렸을 뿐입니다.
변호사도 없었고 증인들의 말도 엇갈렸습니다.
그렇게 불의한, 말도 안 되는 재판을 당했습니다.
그러고는 십자가에서 고통스럽고 수치스럽게 죽었습니다.
예수의 인생은 '고난의 카탈로그' 같습니다.

혹시 지금 고통과 고난을 당하며 외로움과 어려움 속에 있습니까?
아무도 나를 모른다고 이야기할 때 예수는 거기에 있습니다.
예수는 이렇게 말합니다.

"나도 비슷한 일을 겪었습니다.
당신의 슬픔과 고통과 외로움이 무엇인지 압니다.
나도 편모슬하에서 자랐습니다. 소년 가장이었지요.
제국주의 치하에 사는 게 어떤지도 압니다.
배신도 당했습니다. 가장 사랑하는 사람에게요.
구조적 악이 집행한 불의한 재판도 당했습니다.
몸과 마음을 갈가리 찢어 놓는 고문도 당했습니다.
그리고 죽는다는 것이 무엇인지도 압니다."

예수는 이 모든 것을 다 겪었습니다.

예수는 정말 이상한 분입니다. 하나님의 아들이라면 궁궐에서 태어나든지 현자의 아들로 태어나서 좀 고상하게 살아야 할 텐데, 예수의 인생은 처음부터 끝까지 고난의 연속이었습니다. 왜 그랬을까요? 예수는 지금도 고난당하는 이들 곁에서 그 고통스런 삶을 함께하기를 원하기 때문입니다. 성경의 하나님은 고통을 관찰하고 이해하는 분이 아니라 고통 중에 함께 계시는 분입니다.

고통당하고 고난당할 때 진정한 위로가 무엇입니까? 함께 있어 주는 것입니다. 예수는 나병 환자의 환부를 만졌고, 과부 아들의 관에 손을 내밀었습니다. 우리 모두가 겪고 있는 슬픔과 고통의 현장으로 나아옵니다. 그분을 느끼지 못하는 것은 우리 문제입니다. 하나님은 여기 계십니다. 고통의 현장에 와 계십니다.

"울지 마세요, 끝이 아닙니다"

예수는 고통의 현장에 있는 사람에게 오늘도 동일하게 말합니다. "울지 마세요." 이 말씀에는 여러 뜻이 포함돼 있습니다. 첫째는, "절망하지 마세요. 끝이 아닙니다."입니다. 해결되지 않는 고통 때문에 무기력과 절망과 게으름과 자기 학대에 빠진 분도 있고, 반대로 그것을 이겨 내려고 성공에 집착하며 끊임없이 출세의 사다리를 타고 올라가는 분도 있습니다. 그런 분들에게 예수는 이렇게 말합니다. "절망과 고통은 끝이 아닙니다. 그것은 사라집니다. 오히려 그 절망의 순간에 하나님을 찾을 수 있습니다." 절망과 고통으로 인해 오히려 하나님을 발견할 수 있다고 말합니다.

솔직하게 말해 볼까요? 절망과 고통이 없는 사람이 하나님을 찾겠습니까? 자신이 추구했던 것들이 자신을 지켜주기는커녕 더 큰 절망과 고통을 주고, 더 이상 기댈 데가 없음을 알고 나서야 하나님을 진지하게 찾지 않던가요? 하나님을 지적으로 추구하고 온갖 질문을 던지던 사람이 오히려 절망에 빠졌을 때 순수하게 하나님을 찾지 않던가요? 저는 아주 많은 사람이 절망과 고통 속에서 하나님을 진실하게 찾는 모습을 보았습니다. 그 전까지는 자기를 감싸고 있던 온갖 허영과 허식으로 자기가 누군지도 몰랐지만, 고통 속에서 진정한 자신을 직면했기 때문입니다.

그런데 이런 때에 하나님을 간절히 찾아도 하나님이 금방 대답하지 않는 것 같습니다. 극심한 고통 속에서 하나님께 나아갔던 한 분이 이런 이야기를 했던 기억이 납니다. "아들 손을 잡고 교회를 찾았습니다. 그리고 내 억울함을 이야기했죠. 하나님은 냉담했습니다. 아무것도 달라진 게 없습니다. 오히려 주변 상황은 더 가혹하게 나를 밀어붙였습니다. 도대체 하나님이 계시기는 한 겁니까?"

많은 사람이 하나님께 손을 내밀었을 때 이런 감정을 느낍니다. 그러나 예수가 한 말을 잊지 마십시오. 그는 우리에게 "절망하지 마세요. 끝이 아닙니다"라고 말합니다.

실제로 우리는 하나님께 우리 고통을 없애 달라고 기도합니다. 문제를 해결해 달라고 이야기합니다. 그런데 하나님은 그 문제를 해결해 주는 데 관심이 없으신 듯합니다. 다른 데 관심이 있는 듯합니다. 사람들의 진짜 문제는 그것이 아니기 때문입니다.

사복음서에 예수가 사람을 살린 사건은 두 번밖에 안 나옵니다. 모든 사람을 다 살리지 않았습니다. 병을 고치려고 찾아온 사람들을 예수가 다 고치지 않았습니다. 한번은 수많은 사람이 예수 곁에 와서 예수를 만지면서 병이 낫기 바랐지만 딱 한 명만 나았습니다. 예수가 원하는 것은 고난과 고통을 통해 내가 누구인지를 진실하게 알아 가는 것입니다. 우리가 사는 세상이 어떤 곳인지를 더 분명히 알아 가는 것입니다. 이 세상을 사랑하시는 하나님이 어떤 분인지를 우리가 진정으로 아는 것, 이것이 하나님이 원하시는 바입니다. 하나님은 간단하게 진통제를 주시는 분이 아닙니다.

"울지 마세요, 그날이 찾아옵니다"

"울지 마세요."라는 말에 담긴 두 번째 뜻은 고통당하는 모든 사람이 부활의 소망을 가질 수 있다는 것입니다. 예수도 세상의 모든 종교와 위대한 철학자처럼, "착하게 삽시다. 선한 마음을 품으세요. 이웃을 잘 돌보세요. 자신의 마음을 잘 다스리세요."라고 말했습니다. 그런데 예

내가 사망의 음침한 골짜기로 다닐지라도 해를 두려워하지 않을 것은 주께서 나와 함께하심이라

수는 하나를 덧붙입니다. "그런데 죽음이 끝이 아닙니다. 다음 세상이 있습니다. 나를 믿으면 죽어도 죽지 않습니다. 내가 당신에게 영생을 주겠습니다. 나를 통하지 않고는 하나님께 갈 수 없습니다."

예수는 모든 성현과 비슷한 말을 했지만 하나를 덧붙입니다. 자신을 통해 하나님께 갈 수 있다고, 자신으로 인해 영생을 얻을 수 있다고, 죽음 이후의 새로운 세계에 들어갈 수 있다고 합니다. 실제로 예수는 죽었으며 부활했습니다. 예수의 부활은 초기 교회부터 지금까지 2천여 년 동안 예수를 따르는 이들이 증언하고 고백하는 사실입니다. 예수는 우리가 사는 세상이 전부가 아니고 그 너머에 새로운 세계가 있음을 부활을 통해 알려 줍니다. 고난당하며 사는 이 땅의 삶은 잠시 있다가 사라지며, 그 이후의 삶이 우리를 기다린다고 분명하게 보여 줍니다.

저는 장례식장에 갈 때마다 느끼는 바가 있습니다. 장례식장에서는 대개 곡을 합니다. 곡하는 소리를 들으면 마음이 찢어집니다. 그러나 부활의 소망이 있는 장례식장에서는 곡을 하지 않습니다. 잔잔한 슬픔이 있고 그리움이 흐르지만 절망은 없습니다. 그 차이가 얼마나 큰지 모릅니다. 전도서에 이런 말씀이 있습니다. "지혜로운 사람의 마음은 초상집에 가 있고 어리석은 사람의 마음은 잔칫집에 가 있다"(7장 4절). 초상집에 가 보십시오. 세상의 끝이 보이고 인생의 끝이 보입니다. 그리고 죽음을 다르게 맞이하는 사람들이 보입니다. 부활의 소망은 이 땅을 살아가게 만드는 강력한 힘입니다.

벌써 십수 년이 넘었지만, 작은아버지가 돌아가셨을 때를 기억합니다. 여러 면에서 제가 참 좋아했던 분인데 갑자기 뇌졸중으로 쓰러져서 돌아가셨습니다. 그때 중환자실에 계신 작은아버지를 뵈러 갔습니다. 이미 뇌사 상태로 온몸에 튜브를 꽂은 작은아버지의 차가운 손을 잡고 저는 이렇게 말했습니다.

"작은아버지, 지금 사망의 음침한 골짜기를 지나가시는군요. 저도 곧 따라가겠습니다. '내가 사망의 음침한 골짜기로 다닐지라도 해를 두려워하지 않을 것은 주께서 나와 함께하심이라.' 시편 23편 말씀, 기억하시죠? 언제일지 모르지만, 저도 그 음침한 골짜기를 지나갈 겁니다. 작은아버지는 예수님과 안전하게 지나가고 계시겠네요. 저도 안전하게 그 길을 지나가겠습니다. 거기 가서 만나요."

이 땅에는 고통이 있습니다. 우리는 그 고통 속에서 살아갑니다. 그런데 예수는 우리에게 고통 속에서 부활의 소망을 품고, 그 어려움들이 모두 지나가는 날이 올 것을 기억하며 살라고 말합니다.

기독교는 마약을 주는 종교가 아닙니다. 오히려 고통을 있는 그대로 바라보고 그 속을 의연하게 걸어가도록 돕습니다. 고통 가득한 세상살이지만 고통의 공격이 사라지는 새로운 세계가 있음을 알면 소망을 가질 수 있습니다. 죽으면 고통이 끝나고 무로 돌아가는 것이 아니라, 예수가 부활했듯이 우리도 변화한 몸으로 부활한다고 가르칩니다. 그래서 예수는 나인성 과부의 외아들을 되살려 이와는 격이 다른 자신의 부활을 예고한 것입니다. 인생의 끝이 어디로 향하는지 알고 소망을 품는다면, 고통 속에서도 의연히 견딜 힘을 얻을 수 있습니다.

"울지 마세요, 내가 함께 있어요"

"울지 마세요."라는 말에 담긴 마지막 뜻은 "믿음과 소망으로 고통의 현장을 통과하세요. 당신과 함께 나도 그곳에 있습니다."입니다. 예수가 단지 부활의 소망만을 이야기하는 것은 아닙니다. 고통 가운데 있는 우리와 함께하겠다고 말합니다. 수많은 사람이 고통을 겪으면서,

예수가 그 고통을 함께한다는 사실을 조금씩 알아갑니다. 처음에는 냉담하고 아무 말도 없는 것 같습니다. 그러나 우리 고통 가운데 소리 없이 함께하는 분이 바로 예수라고 성경은 반복해서 이야기합니다(요한복음 11장 33절; 14장 18절, 마가복음 6장 34절).

제가 아는 한 분은 고통 속에서 하나님을 찾다가 절망에 빠져 상상할 수 없을 정도로 많은 술을 3박 4일 동안 마셨습니다. 그러다 병원에 실려 갔지요. 검진을 마친 의사는 수치상 죽은 사람이라고 이야기했습니다. 그런데 그곳에서 하나님을 만납니다. 그분이 이렇게 썼습니다. "탈진해 손가락 하나 움직일 수 없었다. 그때 고개를 들어 하나님과 눈을 마주치는 경험을 하게 되었다. 술이 끊어졌다. 고통은 사라지지 않았다. 하지만 고통을 바라보는 관점이 바뀌었다. 아들에 대한 사랑도 바뀌었다. 내 품 안의 사랑에서 하나님 품 안의 사랑으로 바뀌었다."

하나님이 함께하신다는 사실을 진정으로 알아가기 시작할 때, 대답이 없는 것 같지만 실제로는 고통의 한복판에서 함께하심을 받아들이기 시작할 때, 하나님을 만나게 됩니다. 그제야 고통을 바라보는 시각이 달라집니다.

우리는 고통을 반기는 사람들이 아닙니다. 하지만 고통을 통해서 내가 누구인지, 세상이 어떠한지, 사람들이 어떻게 살아가고 있는지, 그리고 왜 이 세상이 빨리 끝나고 예수가 다시 와야 하는지를 알게 됩니다. 새로운 관점이 우리를 지배하기 시작합니다. 그리고 변하기 시작합니다.

우리는 고통을 반기는 사람들이 아닙니다.
하지만 고통을 통해서 내가 누구인지,
세상이 어떠한지, 사람들이 어떻게 살아가고 있는지,
그리고 왜 이 세상이 빨리 끝나고 예수가
다시 와야 하는지를 알게 됩니다.

절망 중에서도
하나님을 찾고
하나님을 우러르고 바라는
사람들 속에서
하나님은 일하십니다.

우리의 끝에서 하나님이 시작하다

우리의 고통은 크기가 다 다릅니다. 그런 우리를 하나님은 다 다르게 만지십니다. 술이 끊어졌다는 그분의 마지막 말이 참 재미있습니다.

"아직도 하나님이 막막하다. 하지만 고통당한 수많은 사람과 그 속에서 하나님을 만난 사람들의 이야기를 들으며 세상에 대한 적개심과 허망에서 멀어지고 있다. 부끄러움도 잊혀 간다. 그리고 잃었던 것을 새롭게 되찾는 느낌이다."

하나님은 우리가 자가용 부리듯이 마음대로 할 만한 분이 아닙니다. 하나님 앞에 나가 예배할 때는 그분의 임재를 경험하기도 합니다. 그러나 세상으로 돌아가 다시 고통을 직면하면 막막해지기도 합니다. 이것이야말로 진실한 고백입니다.

그러나 하나님을 찾으면서 그분을 알아 가면 막막함은 점점 걷히고, 내 안의 적개심, 분노, 열등의식 같은 것들이 점점 옅어지고 사라집니다. 아무도 고치지 못했던 내 속을 누가 고쳐 가십니까? 절망 중에서도 하나님을 찾고 하나님을 우러르고 바라는 사람들 속에서 하나님은 일하십니다.

『당신의 날개로 날으리라』라는 책에 마리 버기스라는 유명한 인도인 의사가 나옵니다. 이 사람은 인도에서 아주 유복한 집의 귀한 딸로 태어났습니다. 그런데 교통사고로 두 다리를 잃습니다. 절망의 세월을 지내다가 결국 의사가 되고 마지막에는 나병 환자를 위해 봉사하면서 수많은 인도인에게 존경을 받습니다. 그가 책에서 이런 말은 합니다. "나는 두 다리를 원했지만 하나님께서는 두 날개를 주셨습니다."

하나님은 내가 원하는 것을 주시는 분이 아닙니다. 내가 조작하거나 제어할 수 있는 분이 아닙니다. 그분은 내가 원하는 것보다 더 큰 것, 더 좋은 것, 더 나은 것을 주시는 분입니다. 우리 인생에 날개를 달고 싶어 하는 분입니다.

부활의 주, 우리의 소망

예수는 어떤 분입니까? 아직도 예수를 위대한 성인이나 현자 정도로 생각하고 계십니까? 텔레비전에 나와 특강하시는 분들도 통찰력과 지혜가 번뜩입니다. 성인과 현자들은 우리에게 지혜와 통찰을 줍니다.

하지만 예수는 우리에게 생명을 주기 원합니다. 지혜와 통찰을 뛰어넘는, 인생의 근본인 생명을 주기 원하는 분이 바로 예수입니다. 예수는 부활을 경험한 분입니다. 온갖 고통으로 점철된 생을 살고 최악의 죽임을 당한 후 부활해서, 지금도 우리 고통의 현장으로 찾아옵니다. 함께 슬퍼합니다. 우리 연약한 다리를 든든하게 세워서 고통을 딛고 의연하게 걷게 만드는 분, 그리고 고통을 통해 우리의 얄팍한 인격을 성숙한 인격으로 바꿔 나가는 분, 그분이 바로 부활한 예수입니다.

우리는 인생을 살아가면서 고통을 피할 수 없습니다. 그러나 그 고통

> 그분은 … 우리 인생에
> 날개를 달고 싶어 하는 분입니다.

가운데 함께 계신 예수를 받아들이고 알아 가기 시작하면, 그분의 사랑과 능력을 맛보게 됩니다. 그럴 때 피할 수 없는 고통은 역설적으로 우리를 생명으로 인도합니다. 예수가 우리의 고통에, 그 아픈 곳에 손을 댑니다. 그리고 오늘도 말을 건넵니다.

"울지 마세요."

"아무도 나를 사랑하지 않고,
아무도 내 말에 귀 기울이지 않고,
아무도 내 마음속 아픔과 고민을 알아주지 않아요.
이 외로움은 부모나 친구와도 나눌 수가 없네요….
예수님이 나 같은 사람을 찾아오실까요? 설마… 아니겠지요.
내가 그럴 만한 가치가 있나요?
우리 부모나 친구도 나를 부끄러워하는데, 나 같은 사람을?"

2
만남의 순간, 둘
사마리아 여인

―――――

숨어서 우는
외로운
당신을 만난다

여섯 살 난 여자아이 케틀린은 네 살배기 꼬마를 나무에 묶고 불까지 지른다.
친아버지를 포함한 여러 사람이 이 충격적인 사건에 비슷한 반응을 보였다.
케틀린을 정신병원에 보내야겠다는 것이다.
정신병원에 자리가 생길 때까지 특수학급 담당 교사인 메기가
케틀린을 임시로 맡기로 한다.
이 만남은 이 두 사람을 포함한 많은 사람의 인생을 바꿔놓는다.
물론 처음에는 힘들었다. 케틀린은 오랫동안 사랑받지 못했기에
사랑받는 법을 몰랐으며, 자기만의 어두운 세계에 갇혀 살았기 때문이다.
자기를 버린 엄마에 대한 원망, 그리고 아무도 자기를
이해해주지 않는 세상에 대한 포기였는지 모른다.
그러나 메기 선생님의 포기하지 않는 사랑과 헌신,
그리고 무엇보다도 아이에 대한 이해가 케틀린을
새로운 아이로 태어나게 한다.
그 이해란 바로, 아이를 '사랑에 길들이는' 일이었다.

"숲속 소녀와 사자 이야기를 해줄까? 옛날 아름다운 숲에
한 아이가 살았는데, 그 아이는 친구가 없어서 너무 외로웠어.
어느 날 자기를 뚫어지게 보는 사자를 발견하고는
이 외로운 아이는 사자에게 같이 놀겠냐고 했어. 사자는
자기가 '길들여지지' 않아서 안 된다고 했지."
"길들여지는 게 뭔데요?"
"그 아이도 사자에게 그렇게 물었단다.
사자는 그건 친구가 되는 것이라고 했어.
자기는 겉으로는 무서운 동물이지만, 그 아이가 정말 원하면 친구가 될 수 있다고.
아이가 자기를 사랑하고 믿는다면, 아이가 사자의 마음을 이해하고 읽을 수 있다면
사자도 그 아이를 사랑할 거라고 말이야.

그게 바로 길들여지는 거라고 했어.
그 아이는 오랫동안 외롭게 살았던 게 싫어서 사자의 말대로 해보기로 했지.
어떻게 됐을까? 그 둘은 서로를 사랑하고 아껴주고 믿게 되었단다.
그렇게 서로의 가슴속에 영원히 남게 된 거지. 이젠 길들여졌으니까."
그런데 메기 선생님이 다른 도시로 떠나면서 케틀린은 성장통을 겪는다.
"선생님도 엄마처럼 날 버리는 거야! 그러니까 나와 함께 있어 주지 않는 거라구!"
"선생님은 널 떠나는 게 아냐. 숲속 꼬마 이야기 생각나지?
사랑을 주면서 사자를 길들여갔던 꼬마 말이야.
우리도 그렇게 영원히 같이 있는 거란다.
그 꼬마처럼 하면 이별도 힘들지 않아.
네가 마음속으로 그 사람을 생각할 때마다 그 사랑을 느낄 수 있고
그 사랑은 언제나 네 마음속에 있으니까."

사랑받고 싶어 하지 않는 사람이 어디 있으랴.
그러나 사랑은 받는 것에서 끝나는 것이 아니다.
사랑하고, 또 그 사랑을 나누면서 주는 기쁨도 알아가는 것이다.
케틀린도 이렇게 사랑에 제대로 길들여진다.

_영화 "길들여지지 않은 사랑"(Untamed Love, 1994)

영원한 생수를
찾아 헤매는 당신

　　케틀린은 어머니한테서 버림받았습니다. 이 아이 마음에 외로움이 얼마나 깊이 박혔을까요? 지금도 우리 주변에서 이런 일이 일어나고 있습니다. 그래서 저는 아이들이 겪어야 할 고통과 홀로 남은 외로움을 생각할 때면 마음이 저밉니다.

　버려진다는 것, 철저히 홀로 남는다는 것이 얼마나 힘든 일입니까? 우리는 유명한 가수나 배우들이 자살했다는 소식을 이따금 듣습니다. 그럴 때마다 극단적 결정으로 그들을 몰아간 외로움과 슬픔에 대해 생각해 봅니다. 또한, 그들을 통해 우리가 꼭꼭 감추고 사는 외로움의 실체가 무엇인지 다시 한번 곱씹게 됩니다.

외로운 여인을 만난 예수

대다수 사람이 겉으로는 멀쩡해 보이지만 속으로는 이런저런 외로움을 품고 삽니다. 성경에도 그런 사람이 있습니다. 사마리아에 살던 한 여인인데, 예수가 외로운 이 여인을 만납니다. 저는 예수가 이 여인을 어떻게 만났는지, 또 오늘날 외로운 사람들을 예수가 어떻게 만나고 있는지를 이야기하고 싶습니다.

사마리아 여인의 이야기는 요한복음에만 나옵니다. 예수의 여러 대화가 성경에 나오지만 그중에서 가장 긴 분량입니다. 따라서 예수가 사람들과 어떻게 인격적 관계를 맺는지를 제일 자세히 볼 수 있는 일화입니다.

요한복음 4장 5절부터 26절까지를 시나리오 형식으로 재구성해 보았습니다. 같이 읽으면서 대화가 어떻게 흘러가는지를 따라가 봅시다.

> 예수가 사마리아에 있는 수가라는 마을에 이르렀다. 야곱의 우물이 거기에 있었다. 예수가 길을 걷다가 피곤해 우물가에 앉았는데, 정오쯤이었다. 그때 한 사마리아 여인이 물을 길으러 나왔다.
>
> 예수 : "물 좀 주겠소?"
> 여인 : "선생님은 유대 사람인데 어떻게 사마리아 여자인 내게 물을 달라고 하십니까?"

예수 : "내가 누구인지 알았다면 도리어 당신이 내게 물을 달라 했을 것이고, 나는 당신에게 생수를 주었을 것입니다."

여인 : "선생님, 선생님께는 두레박도 없고 이 우물은 깊은데, 어떻게 제게 생수를 구해 주시겠습니까?"

예수 : "내가 주는 물을 마시는 사람은 영원히 목마르지 않습니다. 내가 주는 물은 그 사람 속에서 영생에 이르게 하는 샘물이기 때문입니다."

여인 : "선생님, 그 물을 제게 주셔서 제가 목마르지도 않고, 또 물을 길으러 나오지도 않게 해 주십시오."

예수 : "가서 당신 남편을 불러오세요."

여인 : "저는 남편이 없습니다."

예수 : "남편이 없다는 말이 옳습니다. 당신은 남편이 다섯이나 있었고, 지금 같이 사는 남자도 당신 남편이 아니니까요."

여인 : "선생님, 제가 보니 선생님은 예언자시군요."

예수 : "여인이여, 내 말을 믿으세요. 참되게 예배드리는 사람들이 영과 진리로 아버지께 예배를 드릴 때가 오는데, 지금이 바로 그때입니다. 아버지께서는 이렇게 예배드리는 사람들을 찾고 계십니다. 하나님은 영이십니다. 그러므로 하나님께 예배드리는 사람은 영과 진리로 예배드려야 합니다."

여인 : "저도 그리스도라는 메시아가 오실 줄 알고 있습니다. 그분이 오시면 우리에게 모든 것을 알려 주실 것입니다."

예수 : "당신에게 말하고 있는 내가 바로 그 사람입니다."

이 대화를 읽으면서 어딘가 어색하게 느껴질지도 모릅니다. 하지만 이 상황의 전반적 분위기와 맥락을 알고 보면, 물 흐르듯 자연스럽게 이어진 대화임을 알 수 있습니다. 그러면 이제 예수와 사마리아 여인의 대화를 살펴보면서 예수가 사마리아 여인에게 어떻게 다가갔는지, 이 여인이 어떤 상황에 처해 있었는지, 그리고 이런 것들이 오늘날 우리에게 무엇을 의미하는지를 생각해 보겠습니다.

대낮에 나올 수밖에 없는 여인

사마리아 여인은 얼핏 보면 우리와 굉장히 거리가 먼 사람 같습니다. 그러나 자세히 살펴보면 이 여인의 모습은 오늘날 우리와 많이 닮아 있습니다.

우선 이 여인은 대낮에 물을 길으러 나왔습니다. 팔레스타인 지역은 낮에 매우 덥기 때문에 좀처럼 물을 길으러 나오지 않습니다. 급하게 물이 필요하면 어쩔 수 없겠지만 웬만해서는 나오지 않습니다. 그렇기 때문에 대낮에, 아무도 안 나오는 시간에 우물가에 나온 데에는 남다른 이유가 있습니다. 왜 그랬을까요?

이 여인은 다른 사람을 만나고 싶지 않았습니다. 그래도 물은 길어야 했기에 사람들이 안 나오는 시간에 물을 길으러 왔습니다. 숨기고 싶은 부끄러움이 있었을까요. 사람들을 만나기 싫은 무슨 사정이 있었을까요.

예수가 남편을 불러오라고 하자 여인은 남편이 없다고 말합니다. 그러자 예수는 여인에게 남편이 다섯이나 있었고 지금 같이 사는 여섯 번째 남자도 남편이 아니라고 합니다. 이 여인은 동네에서 남편을 쉽게 바꾸는 사람으로 알려진 것 같습니다. 그래서 어떤 이는 이 여인을 창녀로 보기도 합니다.

이 여인에게는 낮에 물을 길을 수밖에 없는 숨은 사정이 있었습니다. 사람들을 피하고 싶었습니다. 숨겨진 외로움이 있었습니다.

모두가 사랑받기를 원합니다

성경에 적힌 내용만으로는 이 여인을 잘 알 수 없습니다. 어릴 때 부모에게 버림받았는지, 어떤 상처를 받으며 자랐는지, 한 남자와 사랑을 하다가 그 남자에게 버림받고, 또 다른 남자를 만나 또 버림받고, 세 번째 남자를 만나서 또 버림받고, 네 번째, 다섯 번째, 여섯 번째까지 이르렀는지 알 수 없습니다. 다만 당시 시대상으로 미루어 보면, 이혼을 당한 뒤에 오갈 데 없고 의지할 데가 없어지자 몸 파는 일을 할 수밖에 없었는지도 모릅니다.

그러나 한 가지는 확실합니다. 이 여인은 몹시 외로웠습니다. 끊임없이 누군가에게 사랑받기 원했습니다. 새로운 남자를 만나면 원하는 사랑을 받으리라 기대했습니다. 그래서 남자를 여섯 번이나 바꾸었지만, 외로움과 근원적 갈망은 채워지지 않았던 것 같습니다.

누구나 사랑받기 원합니다. 그러나 원했던 사랑을 받지 못하면 곧 외로움에 빠져듭니다. 아무도 나를 사랑하지 않고, 아무도 내 말에 귀 기울이지 않고, 아무도 내 마음속 아픔과 고뇌를 알아주지 않고, 내 곁에 아무도 없을 때 외롭지 않습니까? 그렇습니다. 자신의 가치와 능력을 무시당하며 살아갈 때 우리는 외롭습니다.

또한, 일터에서는 견디기 어려운 중압감을 경험합니다. 배우자도, 친구도, 심지어 부모와도 나눌 수 없는 외로움을 품고 홀로 버티는 직장인들이 많습니다. 이런 면에서 우리는 모두 이 여인과 비슷합니다.

당신은 외로움을 어떻게 달래십니까?

우리에게는 이 여인과 비슷한 면이 또 하나 있습니다. 그녀는 외로움을 해결하는 방법을 남자에게서 찾았습니다. 남자를 여섯 번이나 바꿨습니다. 비록 우리 모두가 이성을 사귀어서 외로움을 해결하려고 하지는 않지만, 그 밖의 이런저런 방법으로 우리 안의 외로움을 달랩니다.

당신은 어떤 식으로 외로움을 달래십니까? 많은 사람이 '결혼하면 외로움이 해결되겠지….' 하고 막연히 기대합니다. 그런데 결혼하면 정말 외로움이 사라질까요? 연애할 때는 행복합니다. 평생의 외로움을 달래

누구나 사랑받기 원합니다.
그러나 원했던 사랑을 받지 못하면
곧 외로움에 빠져듭니다.

줄 배우자를 만났다고 생각할지도 모릅니다. 그러나 결혼 준비에 들어가면 많은 사람이 상대가 내 외로움을 해결해 주는 존재가 아닌 줄 깨닫기 시작합니다.

결혼이 외로움을 해결하리라는 생각은 착각입니다. 아내가 옆에 있지만, 남편이 옆에 있지만, 나를 이해 못하는 사람과 같이 살 때 겪는 고통과 외로움은 '차라리 이 사람이 없는 게 낫다'라고 고백하는 수준에까지 이르게 만듭니다. 오래 결혼 생활을 한 많은 사람은 배우자가 자신의 궁극적 외로움을 채울 수 없다고 말합니다. 아무리 건강한 결혼 생활도 내면의 궁극적 외로움을 해결해 줄 수는 없습니다.

외로움을 해결하려고 많은 사람이 사용하는 또 다른 방법은 술입니다. 자기 안의 외로움을 달래는 아주 좋은 방법이라며 술을 마십니다. 술 마시는 잠시 동안은 감정을 풀어헤칠 수 있고 그것들을 흘려보낼 수 있기 때문입니다.

또 어떤 이들은 영화를 봅니다. 영화에 몰입하면 외로움이 잊히기 때문입니다. 친구들과 모임을 만들고 만나서 수다를 떱니다. 돈과 여유가 좀 생기면 쇼핑하는 버릇이 생기는 사람도 있습니다. 물건을 사들이면서 내면의 외로움을 잊어버리는 거죠. 어떤 사람들은 부적절하고 위험하고 이상한 관계를 통해 자기 안의 외로움을 달래려고도 합니다.

휴대폰 문자, 소셜 미디어, 전화 등을 끊임없이 하면서 잠시라도 홀로 되는 순간을 피하려는 습관은, 스스로도 어찌할 수 없는, 자기도 모르는 외로움 때문인지 모릅니다. 특히 직장인들은 외로울 수 있는 시

간 자체를 아예 없애버립니다. 눈코 뜰 새 없이 일하면서 외로운 느낌이 파고들 촉각조차 없애버립니다. 그러나 덫에 걸리듯이 외로움은 몰려오기 마련입니다.

한낮의 목마름의 끝

사마리아 여인은 도덕적으로 손가락질을 받을지언정, 자기 안에 숨겨진 외로움을 해결하려 특단의 방법을 동원하며 애를 씁니다. 그러나 해결되지 않습니다. 혹 어떤 사람은 일이 잘 풀려서, 요즘 데이트를 잘 하고 있어서, 특별한 문제가 없어서, 회사에서 인정받고 있어서 외로움이 조금 덜 할 수는 있습니다. 그러나 자기 삶을 정직하게 들여다본 사람이라면 예외 없이, 아무도 나를 알아주지 않는다는, 나를 있는 그대로 받아주는 사람이 없다는, 사랑받고 있지 않다는, 내가 정말 가치 있다고 느껴지지 않는다는 외로움을 느낍니다.

이 여인은 바로 그 외로움을 안고 한낮에 아무도 없는 우물가에 나왔습니다. 한낮의 목마름을 가지고 나왔습니다. 그런데 다행스럽게도 그곳에 예수가 와 있었습니다. 우리는 예수가 사마리아 여인을 만나는 장면을 통해 한낮의 목마름을 똑같이 지닌 우리를 예수가 어떻게 만나는지를 알 수 있습니다.

편견을 넘어선 만남

첫째, 예수는 편견을 넘어 섬세하게 다가옵니다(7-15절). 당시 상황에서 유대인 남성인 예수가 사마리아 여인에게 말을 거는 행위는 정말 이상한 일입니다. 지금은 교회에 남녀가 섞여 앉는 것이 아무렇지 않지만, 2천 년 전에는 그럴 수 없었습니다. 남녀가 유별해 함께 이야기도 나눌 수 없었습니다.

그뿐 아니라 사마리아인은 유대인이 잡류로 여겨 완전히 무시하던 민족이었습니다. 사마리아인은 유대인과 이방인의 혼혈 민족인데, 유대인은 이를 아주 치욕스럽게 여겨 사마리아인과 상종도 안 했습니다. 공교롭게도 사마리아 지역이 유대 중간에 자리하고 있었는데, 유대인은 사마리아 지역을 피하려고 멀리 돌아갈 정도였습니다.

그런데 예수는 놀랍게도 사마리아를 가로질러 들어가서는 이 여인을 만나고 그 땅을 빠져나갑니다. 한 사람을 만나기 위해 그 지역을 지나간 것입니다. 남자이면서 유대인이었던 예수가 이 여인에게 말을 겁니다. 예수는 그 시대에 도저히 넘을 수 없는 편견의 장벽을 넘었습니다. 그리고 아주 섬세하게 이 여인에게 다가갑니다.

본문을 살펴보면 알 수 있듯이, 예수는 의도를 가지고 대화를 풀어갑니다. 어떻게 시작하는 게 좋았을까요? 우리 같으면 "구원의 확신이 있으세요?", "교회 다니세요?", "너무 외롭죠?"라며 운을 뗐을지 모릅니다. 그런데 예수는 먼저 물을 달라고 청합니다. 예수는 한낮에 길을 걷다 보니 목이 말랐습니다. 그런데 마침 사마리아 여인이 물을 길으러 나왔습니다. 예수와 이 여인 사이에 공통점이라고는 없어 보였지만, 딱 하나 있었습니다. 둘 다 물이 필요했습니다.

예수는 참으로 자연스레 물을 좀 달라고 합니다. 그러자 여인은 편견을 넘어 자연스럽게 다가오는 예수가 너무 놀라워 "당신이 나한테 어떻게 그런 말을 하십니까?"라고 묻습니다. 그러자 예수는 "내가 누구인지 알았다면 당신이 내게 물을 달라 했을 것이고, 나는 당신에게 생수를 주었을 것입니다"라고 답하며 이야기를 풀어나가기 시작합니다.

예수가 나한테 관심을 보일까

이 여인은 날마다 다른 사람 눈을 피해 물을 길으러 나왔습니다. 그런데 예수가 '생수'를 준다고 합니다. 그것도 계속 흘러나오는 물, 굳이 밖에 나와서 긷지 않아도 되는 물을 준다고 하니, "선생님이 우리 조상 야곱보다 뛰어난 분입니까? 야곱이 우리에게 이 우물을 주었는데, 그것보다 더 좋은 물을 당신이 줄 수 있다고요?"라며 반신반의합니다. 그때 예수는 "당신 조상이 주는 물은 마셔도 또 목마르지만 내가 주는 물을 마시면 영원히 목마르지 않습니다"라고 답합니다. 그러자 이 여인은 깜짝 놀라며 정말 그런 물이 있으면 자기에게도 달라고 여전히 반신반의하며 부탁합니다.

우리는 여기서 한 여인에게 아주 섬세하게 접근하는 예수를 볼 수 있는데, 그는 이 여인의 일차적 필요를 가지고 말합니다. 그러고는 이 여인에게 정말 필요한 것, 근원적으로 필요한 영원한 물을 제시합니다.

저는 이 이야기를 읽으면서 예수가 우리를 동일하게 대한다고 생각했습니다. 예수가 인간에게 다가갈 때 그의 접근을 막을 수 있는 장애물은 없습니다. 그 어떤 편견이나 선입견도 한 사람을 찾아가는 예수를 막을 수 없습니다. 성별, 재산, 교육수준, 인종, 지방색, 도덕성에 이르기까지, 그 어떤 차이라도 예수는 뛰어넘습니다.

사람들은 "하나님이신 예수님이 나한테 관심을 가질까? 나 같은 사람한테 찾아오실까? 아니겠지. 내가 그럴만한 가치가 있나. 우리 부모도 나를 별로라고 생각하는데, 나 같은 사람을?"이라고 말합니다. 그러나 예수는 누구에게나 찾아가겠다고 말합니다. 예수는 누구에게나 갈 수 있고 가기 원하는 분입니다.

지금 숨겨진 외로움, 다른 사람은 알지 못하는 깊은 외로움으로 힘들다면, 이 성경 말씀을 주의 깊게 읽어보십시오. 그 대화를 통해 예수는 당신에게도 다가가고 싶어 합니다.

당장의 필요 대신…

이렇게 다가온 예수는 이제 일차적 필요에서 한 발짝 더 나아가 진정한 필요를 알려줍니다. 이 여인의 일차적 필요는 물이었습니다. 그런데 예수는 물을 화두로 삼아, 마시고 나면 다시 목마르는 물이 아니라 영원히 목마르지 않는 생명의 물, 생수를 주겠다고 합니다. 이 여인은 일차적 필요를 해결하기 원했지만, 예수는 그 필요를 만족시키는 대신 그와 관련한 영원한 것을 제시합니다.

예를 들어 당신은 지금 돈이 필요할 수 있습니다. 그래서 하나님께 돈을 달라고 기도할 수도 있겠죠. 그러나 하나님은 돈을 안 줄지도 모릅니다. 당신의 일차적 필요를 그냥 지나치실 수도 있습니다. 돈 대신에 아마도 진정한 풍요와 안전이 무엇인지를 알려주실 것입니다.

권력을 갈구하는 사람도 있습니다. 직장에서 늘 상사에게 당하다 보면 힘이 있어야 한다고 생각할지 모릅니다.

그러나 예수는 상사를 누를 수 있는 힘보다는
세상을 이기는 내적인 힘을 알려주십니다.
또 부모의 사랑, 연인의 사랑이 필요한 사람도 있습니다.
예수는 그보다는 무조건적 사랑과 하나님의 용납과
사랑이 무엇인지 알려주고 싶어 하십니다.
어떤 이들은 다른 사람이 나를 알아주기 바라며 인정받고 싶어 합니다.
예수는 다른 사람한테 잠깐 인정받게 해 주는 대신,
오히려 당신이 지닌 가치와 누구도 범접할 수 없는
위엄과 존귀함을 깨닫게 해 주십니다.
우리는 일차적 필요를 채우려 하나님께 나아갑니다.
하나님께 그것을 달라고 합니다.
그러나 하나님이 그 일차적 필요를 채워주시는 경우는
거의 없는 것 같습니다.

하나님의 관심은 일차적 필요를 통해
본질적이고 중심에 가까운 어떤 것,
영원한 것을 우리에게 주시는 것입니다.
예수가 손에 잡히는 무언가를 주지 않을지 모르지만,
언제나 그보다 더 중요하고 본질적인 것을 줍니다.
물을 달라는 여인에게 영원히 목마르지 않는 생수를
주겠다는 분이 바로 예수입니다. 예수는 그렇게 우리에게 다가옵니다.
그렇게 다가와서는 여인에게 필요한 것을 주겠다고 하니까
이 여인은 덥석 "주십시오."라고 말합니다.
그때 예수는 아주 놀라운 한마디를 던집니다.
"가서 당신 남편을 불러오세요."
사실 이 여인에게 남편은 말하고 싶지 않은, 숨기고 싶은 부분입니다.
겉으로 드러나지 않게 외로움을 달래는,
그녀만의 방법이었습니다.

숨기고 싶은 내 안의 모습

예수는 우리의 일차적 필요로 관계를 열고 그다음에 궁극적 답변을 주기 원합니다. 그래서 섬세하고 인격적으로 먼저 다가온 후에 우리 내면세계에 발을 들여놓습니다(16-18절). 다른 사람이 알지 못하는 우리 내면세계 말입니다.

이 여인에게 남편이란 고통스럽고 숨기고 싶은 자신의 모습입니다. 자신의 외로움을 이기기 위한 방편입니다. 그런데 예수는 이 순간에 놀랍게도, 그야말로 생뚱맞게 남편을 불러오라고 합니다. 여인에게는 송곳으로 찌르는 듯한, 몹시 아픈 질문이었습니다.

여인은 깜짝 놀랐습니다. 잠시 침묵이 흘렀겠지요. 그러고 나서 여인이 말합니다. "저는 남편이 없습니다." 여기서 다시 한번 예수가 여인을 얼마나 인격적으로 대하는지 보십시오. 사전 조사를 했든, 신적 능력으로 알았든, 예수는 여인의 상황을 알고 있었습니다.

그런데 예수는 남편이 없다는 여인의 말에, "그 말이 옳습니다. 지금까지 있었던 다섯도 남편이 아니었고, 지금 같이 사는 남자도 당신 남편이 아니니까요."라며 오히려 그 말을 인정합니다. "맞습니다. 당신은 숨기고 싶어서 남편이 없다고 했지만, 그 사람들은 당신 남편이 아닙니다. 당신의 외로움, 당신 내면에 숨겨진 외로움을 채울 수 있는 사람이 아니니 남편이 없다는 말이 맞습니다."라며 여인의 슬픔과 외로움을 수면 위로 끌어올립니다.

그동안 겪었을 수많은 고통과 방황과 혼란에 깊이 공감합니다. 심지어 여인이 문제를 있는 그대로 보도록 돕습니다. "그렇습니다. 외로움을 이기려고 당신이 썼던 방법은 답이 되지 않았습니다. 당신에게는 남편이 없습니다."

"당신 남편을 불러오세요."

오늘날도 예수는 우리에게 동일하게 다가옵니다. 우리는 어떤 필요를 채우려고 하나님을 찾습니다. 인간은 이기적이라서 그렇게밖에는 하나님을 못 찾습니다. 어느 날 갑자기 숭고하게 '오늘부터 신을 찾아보아야겠다. 특별히 신이 필요하지는 않지만 한번 신을 찾아보자.'라며 시작하는 사람은 거의 없습니다. 우리 속에 채워지지 않는 부분 때문에 '혹시 신이 있지 않을까? 혹시 하나님이 계시지 않을까? 내 문제를 진정으로 품어 주고 해결해 주는 존재가 있지 않을까?'라는 질문을 하기 시작합니다. 이렇게 우리는 하나님께 일차적 필요를 해결하려 나아옵니다.

그런데 하나님은 이를 무시하거나 거절하거나 비인격적으로 다루지 않고 아주 섬세하게 받아주십니다. 그런 다음에는 정공법을 씁니다. "가서 당신 남편을 불러오세요." 즉, "외로움을 이기려 무슨 방법을 씁니까? 그게 실제로 도움이 되나요? 그렇게 계속 사는 것이 좋습니까?"

라고 물어보십니다. "그래요, 이성 교제를 하니까 근본적인 외로움이 사라지던가요? 결혼을 해서 기대했던 그 사랑을 받았습니까? 아이를 낳고 그 아이에 집중하면 과연 행복해질까요? 성공해서 돈 벌어 술 마시고 영화 보고 쇼핑한다고 내면에 숨겨진 외로움이 사라지나요?"라며 하나님이 묻습니다.

당신은 어떻습니까? 외로울 때, 사는 게 재미없을 때, '이건 아닌 것 같은데, 좀 더 나은 게 없을까'라며 무엇을 찾습니까? 예수는 말합니다. "가서 당신 남편을 데려오세요."

예수는 우리가 스스로를 있는 그대로 보기 원합니다. 위장하고 포장한 내가 아니라, 고민하고 애쓰며 살아가는 모습을 그대로 노출하기 원합니다. 그러고는 우리가 문제를 해결해야 하는 지점은 일차적 필요가 아니라, 근원적 내면세계임을 알게 합니다. 우리 내면이 진정으로 변해야만 문제가 해결된다고 알려줍니다.

하나님과 당신의 만남, 예배

예수의 말을 들은 여인은 매우 당황한 것 같습니다. 여인은 "당신은 예언자십니다."라고 반응합니다. 그러자 예수가 또 생뚱맞게 예배 이야기를 꺼냅니다. 하나님은 영이므로 영과 진리로 예배하는 자를 찾으신다는, 무언가 대화가 안 되는 듯한 이야기를 합니다. 그러나 그렇지

예수는 우리가 스스로를
있는 그대로 보기 원합니다.

않습니다. 우리 내면세계에 발을 들여놓은 다음, 남편(외로움을 잊기 위한 수단)으로는 근원적 문제를 해결할 수 없다고 자각하게 하더니, 세 번째에서는 근원적 해답을 내밉니다. 바로 예배입니다. 예배란 살아 계신 하나님과 인간이 인격적 관계를 맺는 것입니다.

우리 목마름과 추구를 근원적으로 해결하려면 표면적이고 일차적인 것으로는 불가능하고, 하나님과 관계를 맺어야 한다고 예수는 강조합니다. 인간과 하나님! 거대한 우주에는 두 인격이 있습니다. 하나는 하나님을 찾는 사람들이고, 또 하나는 신령과 진정으로 하나님을 예배하는 인간들을 찾고 계신 하나님입니다. 이 두 인격은 서로 만나기 전까지는 그 속의 외로움이 사라질 수 없는 존재들입니다.

내가 바로 그 사람입니다

하나님과 인간이 맺는 관계야말로 가장 아름다운 사랑의 관계입니다. 남녀의 사랑, 부모 자식 간의 사랑, 친구 간의 사랑, 모든 사랑의 원형이 하나님과 인간과의 사랑입니다. 인간은 끊임없이 신과의 사랑을 추구합니다. 그리고 그와 비슷한 사랑을 사람에게서 찾으려 합니다. 그러나 대개는 부모가 되었든, 배우자가 되었든, 친구가 되었든 무조건적 사랑을 만나지 못합니다. 아무리 완벽한 부모라 해도 부족한 점이 있고, 부모로도 채워지지 않는 부분이 있습니다. 근원적 외로움은 하나님과 관계를 맺고 사랑을 주고받을 때만 사라집니다.

예배란 하나님을 찾는 인간과 그 인간을 찾는 하나님이 만나는 것입니다. 그때야 비로소 우리 안의 근원적 외로움과 갈망은 채워지고 회복됩니다. 이것이 예배의 본질입니다.

여기서 예수는 하나님은 영이라서 신령과 진정으로 예배해야 한다고 말합니다. 그러자 여인은 대화를 나누다 말고 도망갑니다. 여인은 자기가 모르는 주제를 피하려 합니다. 그래서 25절에서 "저도 그리스도라는 메시아가 오실 줄 알고 있습니다. 그분이 오시면 우리에게 모든 것을 알려 주실 것입니다."라며 자리를 뜨려 합니다. "저는 잘 모르겠어요. 당신은 예언자 같은데, 어려운 말씀을 하시네요. 나중에 메시아가 오시면 다 설명해 줄 거예요."라며 피합니다. 그때 예수는 "당신에게 말하고 있는 내가 바로 그 사람입니다."라고 말합니다.

사마리아 여인을 찾아온 이유

하나님을 예배한다는 것이 얼마나 모호합니까? 예배한다는 것이 무엇인지 또렷하게 그려지시나요? 예수는 하나님이 영과 진리로 예배하는 자를 찾는다면서, 자신이 그 예배의 의미를 제대로 알려줄 메시아라고 선언합니다. 당시 이스라엘 사람들은 그들의 나라를 회복하여 하나님과 바른 관계를 맺게 할 메시아를 기다리고 있었습니다. 예수는 하나님을 예배할 수 있게 하는 그 메시아가 바로 자신이라고 선언합니다. 예수를 아는 사람은 진리와 성령으로 하나님을 예배할 수 있다고 말합니다. 왜냐하면 예수 자신이 바로 진리이기 때문입니다.

 요한복음은 처음부터 끝까지 일관되게 예수가 진리라고 이야기합니다. 그리고 성령은 예수 그리스도의 영입니다. 예수가 오지 않았다면 우리는 영과 진리로 하나님께 예배드릴 수 없습니다. 우리에게는 진리도 성령도 없기 때문입니다. 우리는 예수라는 인격을 통해 하나님이 어떤 분인지 알아 가기 시작합니다. 예수를 통해 하나님께 나아가서, 진리가 무엇인지, 하나님이 어떤 분인지, 하나님의 마음이 어떤지를 알게 됩니다. 그래서 예수 그리스도를 알고 나면 하나님을 예배하는 것이 더 이상 모호하지 않게 됩니다. 어떤 거룩한 느낌에 빠지는 것도 아니며, 내가 알지 못하는 무언가에 절하는 것도 아닙니다. 또한 단순히 종교적 개념을 예배하는 것도 아닙니다. 예배는 실재하는 예수를 향해 나아가는 것입니다. 인격이신 하나님께 나아가는 것입니다. 사마리아 여인에게 섬세하게 다가오셨던 그 하나님을 예배하는 것입니다. 만약 예수가 오지 않았다면 우리는 하나님이 어떤 분인지 모른 채 어둠 속을 헤매듯 신과 진리를 찾았을 것입니다.

 그래서 예수는 마지막 순간에 결정적으로 "내가 그입니다. 내게 열쇠가 있습니다."라고 선언합니다. 예수가 이 땅에 온 이유, 사마리아 여인을 찾아온 진정한 이유는 단지 답답함과 목마름만을 채우기 위해서가 아닙니다. 숨겨진 외로움을 어루만지는 위로, 그 이상을 겨냥하고 있습니다. 온 맘을 다해 사랑하고 안전하게 사랑받을 수 있는 절대자를 소개하기 위해서였습니다.

21세기의 사마리아 여인을 찾는 예수

저는 21세기 사마리아 여인에게도 예수가 동일하게 다가온다고 믿습니다. 목마르고 숨겨진 외로움을 지닌 이들에게 예수는 찾아옵니다. 그가 찾아와 하는 말은 세 가지로 요약할 수 있습니다.

첫째로, 예수는 "물 좀 주겠소."라며 말을 건넵니다. 아주 인격적으로 다가옵니다. 그는 차별 없이, 조건 없이 다가와 일차적 필요를 말하면서 궁극적 필요를 돌아보게 할 것입니다. 이성, 돈, 인정, 힘, 성공 같은 일차적 필요는 궁극적 필요인 숨겨진 외로움을 직면하게 하는 징검다리 역할을 합니다.

둘째로, 예수는 이렇게 질문합니다. "당신 남편을 불러오세요. 그 남편이 남편 구실을 제대로 했나요? 그가 당신 마음속 외로움을 이해하고 소중히 다루던가요?" 그는 우리가 외로움을 날래려 사용했던 것들이 정말 우리를 만족시켰는지 묻고는, 그것들을 똑바로 정직하게 바라보라고 합니다.

혹시 지금 외롭습니까? 외로울 때마다 스스로를 위안하려고 사용하는 방법이 있습니까? 예수는 그 방법으로는 우리 외로움이 안 채워진다고 알려주십니다. 만약 당신이 아주 극단적인 외로움 가운데 있다면 그런 방법이 더더욱 가치 없는 줄 잘 알 것입니다. 그런대로 견딜 만한 외로움에는 몇 가지 장난감들이 도움이 될지 모릅니다. 그러나 상황이 어려워지면 그 장난감들은 아무짝에도 쓸모없어집니다.

"당신이 움켜지려는 돈, 그 돈으로 안전해지지 않습니다. 성공 역시 당신을 행복하게 못해요. 남자, 그가 당신을 덜 외롭게 해줄까요? 자녀, 그들이 당신이 원하는 대로 자라고 또 보상할까요?"

마지막으로, 예수는 말합니다. "내가 바로 그 사람입니다. 내가 당신에게 생수를 줄 것입니다. 내가 당신의 영원한 목마름, 상황마다 끊임없이 바뀌는 외로움을 없앨 수 있습니다. 내가 하나님의 사랑을 당신에게 부어주겠습니다."

하나님을 예배하는 것, 하나님과 인격적 관계를 맺는 것, 그 외에 어떤 방법으로도 우리 외로움은 해결되지 않는다고, 그리고 예수 그리스도로 인해 그 관계가 가능해진다고 우리에게 말합니다.

외로움을 없애는 진정한 답

변치 않는 사랑의 관계는 예수를 만나면서 시작됩니다. 그는 내 일상의 필요를 알고 나의 일차적 필요를 이해합니다. 그 안에 얽힌 내 아픔과 외로움을 보고 있습니다. 그리고 무엇보다 내게 정말 필요한 근

외로움은 삶의 단계마다
다르게 찾아옵니다.

원적 사랑을 주십니다. 외로움은 삶의 단계마다 다르게 찾아옵니다. 싱글일 때, 학생일 때, 결혼했을 때, 아이를 가졌을 때, 나이가 들었을 때, 직장에서 열심히 일할 때, 그러면서 엄청난 스트레스를 받을 때, 퇴출 위기에 놓일 때, 상황마다 다 다릅니다. 그런데 우리는 어리석게도 외로움을 없애려 절대 채워지지 않는 방법으로 계속 애를 씁니다. 우리가 정직해져서 그 방법이 정답이 아닌 줄 알게 되면, 그제야 우리는 하나님을 찾기 시작합니다. 그것이 바로 예배입니다.

하나님을 진정으로 예배하는 것, 이것이 바로 내면의 외로움을 없애는 진정한 답입니다. 형식적으로 모여 드리는 예배도 예배지만, 그것은 예배를 배우는 것입니다. 예배란 내가 겪고 있는 외로운 삶의 현장에서 하나님을 만나는 것입니다. 내게 섬세하게 다가오는 그의 사랑을 있는 그대로 받아들이는 것입니다. 이것이 예배입니다.

하나님께 길들여지다

맨 앞에서 소개한 영화에 '길들여진다'(tamed)는 표현이 나옵니다. 숲속에 사는 한 소녀가 너무 외로워서 사자에게 친구가 되자고 합니다. 사자는 '나는 길들여지지 않아서 친구가 될 수 없다'며 거절합니다. 그래서 아이는 선생님에게 '길들여진다'는 말이 무슨 뜻인지 묻습니다. 선생님은 길들여진다는 것은 친구가 되는 것이라고 알려줍니다. 함께

지내면서 사랑하고 신뢰하며 서로 길들여지는 것, 그게 바로 친구가 되는 것이라고 가르쳐줍니다. 영화 맨 마지막 장면에서 아이는 버스를 타고 떠나는 선생님을 향해 말합니다. "나는 당신을 길들였어요(I tamed you). 당신과 나의 사랑은 우리 안에 영원히 있는 거예요."

하나님이 당신에게는 혹시 사자 같은 분입니까? 하나님이 숲속 사자처럼 무섭고 거리감이 느껴지거나 당신을 미워하고 싫어하는 분처럼 보이나요? 아니면 별반 관계없는 분인가요? 예수를 통해 보십시오. 사마리아 여인을 통해 보십시오. 이 여인에게 예수가 찾아옵니다. 당신에게도 하나님이 이렇게 다가오고 계십니다. 예수는 여인이 남몰래 지닌 외로움을 알았습니다. 그 아픔을 치료하기 원했고, 소중히 다루기 원했고, 회복시키기 원했습니다.

예배란 하나님께 길들여지는 것입니다. 당신은 지금까지 남편이나 아내에게 길들여져 있었습니다. 남자친구, 여자친구, 오락, 술, 영화, 성공, 돈에 길들여져 있었습니다. 이것들은 당신을 행복하게 해줄 수 없습니다. 당신의 영혼을 만족시킬 수 없기 때문입니다. 그것들에 매인 한 영원히 외로움을 안고 살아야 합니다.

하나님은 당신을 가장 아름다운 방법으로 길들이기 원하십니다. 동물이 동물을 길들이는 그런 방식이 아닙니다. 하나님은 우리와 인격적 관계로 성숙해 가기를 원하십니다. 우리가 언젠가 하나님께 이렇게 말하는 날이 올까요? "하나님, 저도 이제 하나님과 인격적 관계를 맺는 법을 알았어요. 당신 마음속에 내 마음이 있고, 내 마음속에 당신이 있어요." 하나님과 이런 우정을 나누는 관계가 된다면 얼마나 좋을까요? 하나님은 그런 관계를 맺기 원하셔서 우리에게 다가오십니다. 그럴 때 우리 안에 도사리고 있는 외로움, 삶의 순간순간마다 매번 다른 모양으로 다가오는 그 지긋지긋한 외로움이, 그때마다 새롭게 극복되는 기쁨을 맛보게 됩니다.

신령과 진정으로 예배하라

저도 사역을 하면서 개인적으로 외로움을 많이 느낍니다. 이 외로움은 과거에 느꼈던 것과는 상당히 다른 외로움입니다. 교회 공동체를 건강하게 이끌어야 한다는 부담감에 더해서 다른 사람이 알지 못하는 굉장히 깊은 외로움이 있습니다. 지금도 다 사라지지는 않았습니다. 그런데 이 글을 준비하면서, 오직 신령과 진정으로 예배할 때 외로움의 꺼풀이 벗겨져 나가고 치료가 시작된다는 사실을 다시 한번 확인했습니다.

예수를 만나 제 삶이 변화하기 시작했을 때부터 아끼는 찬송가 415장(새찬송가 292장)이 떠오릅니다.

주 없이 살 수 없네 세월이 흐르고
이 깊은 고독 속에 내 생명 끝나도

"당신 마음속에 내 마음이 있고,
내 마음속에 당신이 있어요."

사나운 풍랑 일 때 날 지켜주시니
내 곁에 계신 주님 늘 힘이 됩니다

사람들은 다 자기 상황에 따라 다른 종류의 외로움을 지니고 삽니다. 하나님을 만나지 못했기 때문에 궁극적 외로움을 품고 사는 사람도 있습니다. 하나님을 만난 후에도 그분께 눈을 고정하지 않고 다른 것을 바라보거나 삶이 다른 단계로 접어들 때 또 다른 외로움이 다가옵니다. 그때마다 하나님은 말씀하십니다. "신령과 진정으로 예배하라. 내가 바로 거기에 있다. 너희 안에 있는 궁극적 외로움을 내가 만져 주고 너희와 함께할 것이다."

하나님의 위로를 받는 법

글을 마무리하면서 제가 사랑하는 이승훈 선교사님의 편지 한 부분을 함께 나누고 싶습니다.

페루에서 사역하시는 이승훈 선교사님의 외로움은 어떤 면에서 승화된 외로움이라고 할 수 있습니다. 저는 이 선교사님의 편지를 읽으면서 그 모습이 그려졌습니다. 보통 사람이 겪어 내기 어려운 외로움 가운데서도 의연히 자기 길을 걷는, 외로움을 완전히 승화시킨 한 사람의 모습을 보았습니다.

페루 북부 안데스 1, 2월은 겨울이어서 비가 세차게 내리고 있습니다. 밤에는 상당한 추위로 몸을 움츠릴 정도입니다. 수도 리마는 열대의 습한 여름 날씨가 계속되고 있지만 이상 기후로 더위의 풀이 많이 꺾였습니다.

피곤함과 보람이 함께 있었던 작년은 피곤한 중에 보람을 느꼈던 한 해였습니다. 피곤이 겹쳐 석 3주가량 심한 몸살을 앓았습니다. 선교 소식도 전할 겸 짧은 휴식 차 리마로 내려왔으나 긴장이 몰린 탓인지 거의 침대에 누워 있다시피 했습니다.

이승훈 선교사님은 지금 페루의 산악 지역에서 선교하고 계십니다. 학생인 세 딸은 아내와 함께 미국에 있고 선교사님 혼자 페루에 계십니다. 그런데 사역하는 지역이 너무 고산 지역이라 거기서 내려오면 병을 앓습니다. 돌봐 주는 사람 없이 오지에서 홀로 3주 동안 앓아누워 있는 모습, 저로서는 상상조차 하기 힘듭니다. 저는 이 부분을 읽으면서 너무 가슴이 아팠습니다. 그런데 편지는 이렇게 이어졌습니다.

한편 주님은 그 가운데서도 위로를 주셨습니다. 어느 날 저녁에 리마의 시내를 걷고 있는데, 갑자기 어디선가 헨델의 "메시아"가 상임하게 울려 퍼지는 것이었습니다. 저는 가던 길을 멈추고 "메시아"에 귀를 기울이다가 그 웅장한 메아리가 울려 나오는 곳으로 발길을 옮겼습니다. 크지도 작지도 않은 한 성당에서 저녁 미사 시간에 드리는 찬송이었습니다. 찬양대원들은 청바지를 비롯하여 가볍게 차려입은 옷차림이었는데 백인, 흑인, 혼혈인, 페루 원주민 등 여러 종족이 함께 모여 기쁨과 미소가 가득한 채 "메시아"를 소리 높여 부르는 것이었습니다. 이 사막과 같은 땅 페루에서 저물어가는 저녁 시간에 뜻하지 않은 "메시아"를 들으면서 저는 오랜만에 마음 깊이 음악적 정서를 향유하였습니다. 참 놀라운 시간이었고 끝나고 나서 마음에서 우러나오는 박수를 드렸습니다.

마음속 깊이 계시록의 노래가 울려오는 듯했습니다. 그날이 오면 방언과 모든 족속이 함께 모여 계시록의 찬양을 함께 드릴 것이 아니겠습니까? 하나님 나라의 비전이 이 곡을 통해서 제 마음을 가득히 채우는 멋진 경험이었고, 주님께서 제게 특별한 시간을 주셨던 것입니다. 그 순간 가톨릭과 개신교의 경계를 넘고 종족을 넘고 문화와 언어를 넘어 함께 메시아의 영광을 노래하는 이 벅찬 순간은 그리스도인이 아니라면 그 누구도 이해할 수 없을 것입니다. 하나님 나라가 완성될 때에는 이 "메시아"가 빛바랠 만한 놀라운 곡으로 주님을 찬양하게 될 줄로 생각합니다.

또한, 성당을 나와서 건물 모퉁이를 돌아가면서 우연히 하늘을 보았습니다. 두꺼운 구름이 벽처럼 하늘을 메우고 있는데 그사이에 달이 언제 만월이 되었는지 구름 틈 사이로 노를 저어가고 있었습니다. 언제나 보는 하늘이지만 그 순간의 하늘은 하나님의 특별한 창조 섭리를 계시하는 듯 보였고, 저는 잠시 서서 경탄과 감격의 눈으로 하늘을 바라보았습니다. 그때 박목월의 시가 생각났습니다. "구름에 달 가듯이 가는 나그네"라는 시 말이죠. 그런데 그 순간 달만 가는 것이 아니라 몇몇 별들도 함께 하늘이라는 바다를 노 저어 가고 있었습니다. 하늘을 노 저어 가는 작은 별들을 보면서 우리의 인생길이 이 작은 별들과 같이 나룻배를 저어 가는 것이 아닌가 하는 회한에도 젖어보았습니다. 그러나 가야 할 항구가 있는 항해라는 사실은 유일하고도 큰 위로가 되었습니다. 그날은 하나님께서 어떻게 시인의 마음과 화가의 마음을 가지고 세상을 창조하시는 분인지를 확인할 수 있는 시간이었습니다.

저는 편지를 읽으면서 오지에서 홀로 사역하며 가족과도 떨어진 채 몸마저 완전히 지친 상태로 리마 거리를 혼자 걷는 선교사님 모습이 떠올랐습니다. 정서적으로 완전히 고갈된 상태에서도 맡은 길을 묵묵히 의연하게 걸어가는 뒷모습이었습니다. 우연히 헨델의 "메시아"를 듣고는, 거기서 감격하고, 거기서 하나님 나라의 비전을 발견하시는 선교사님. 잠시 하늘을 보면서 우리 인생을 다시 생각해 보고, 거기서 하나님의 위로를 받는 선교사님.

사람들은 각기 다른 종류의 외로움을 지니고 삽니다. 외로움의 종류도 다양하며, 외로움의 단계 역시 다 다릅니다. 그런데 어떤 사람은 외로움을 승화시키는 법을 터득해가기 시작합니다. 그 속에서 하나님 만나는 법을 알아가기 시작합니다. 그 속에서 하나님의 위로를 받는 법을 알아가기 시작합니다. 다른 사람은 전혀 이해할 수 없는 길을 의연하게 걸어가는 힘이 거기에서 나옵니다.

이 글을 읽는 당신이, 매번 다른 외로움의 단계마다 우리를 찾아와 만지시고 이끄시는, 세상이 알 수 없는 충만함으로 우리를 채우시는 예수를 만나고 함께 예배할 그날을 기다립니다.

"네 인생, 이만하면 괜찮아."
"아니야, 사실 안 괜찮아. 지쳤어… 너무 허무하잖아."
"성공에 눈이 멀었다고? 이만한 짓은 다 하고 살아.
이걸로 나를 나쁘다고 할 수 있을까?"
"세상이 다 그래. 나만 이런 게 아니잖아?"

3
만남의 순간, 셋
삭개오

무한경쟁,
전쟁 같은 삶에 무너진
당신을 만난다

허망한 성공의
사닥다리 앞에 있는 당신

오늘날 우리 사회는 끊임없이 성공하라고 속삭입니다. 대가를 치르더라도 성공을 거머쥐라고 이야기합니다. 실제로 우리는 무한경쟁 체제 속에서 낙오하지 않으려 열심히 달립니다. 뒤처질까 봐 조바심 내면서 일에 몰두합니다. 좋은 회사에 들어가도 승진하지 못할까봐 걱정하고, 윗사람에게 인정받기 위해 끊임없이 일합니다. 이것이 오늘날 우리 모습입니다.

극히 일부는 성공했다는 수준까지 올라가지만, 대다수는 성공과 거리가 먼 인생을 살아갑니다. 자본주의 시스템에서 얼마나 많은 사람이 자신이 원하는 성공을 누리며 살까요? 최근 방글라데시에 방문해 들은 바로는, 전체 인구 1억 6천만 명 중에서 약 5%가 부자라고 합니다. 약 800만 명 정도가 그 나라 전체 부의 80%를 소유하고 있습니다. 5%의 사람이 80%의 부를 가진 셈이죠. 부자는 엄청난 부자이고 나머지는 정말 가난한데, 아무리 사회가 발전해도 별반 나아지는 것 같지가 않았습니다. 이러한 양극화는 계속 심화하고 있습니다. 이런 상황이다 보니 성공의 사다리에서 떨어지지 않으려 더 꽉 붙잡고 실랑이를 하지만 많은 사람이 실패하고 맙니다. 끝내 딛고 올라간 사람도 이미 많은 것을 잃어버린 채로 성공합니다.

이렇게 사는 게 전부일까?

이 장의 원래 제목은 '화려한 성공 후에…'였습니다. 나중에 '무한경쟁, 전쟁 같은 삶…'이라고 바꿨습니다. 무한경쟁에서 성공하는 사람은 몇 안 되지만, 그 성공을 위해 애쓰는 이들은 무수히 많아서입니다. 성경에는 그 치열한 경쟁을 뚫고 성공한 사람이 등장합니다. 바로 삭개오입니다. 이스라엘이 로마 제국에 나라를 빼앗긴 상황에서도 큰 부를 축적한 이스라엘 사람이지요. 누가복음 19장에 등장합니다.

예수께서 여리고로 들어가서서 그곳을 지나고 계셨다. 그곳에는 세관장이 었던 삭개오라는 부자가 있었는데, 그는 예수가 어떤 사람인지 보고 싶었

자본주의 시스템에서 얼마나 많은 사람들이
자신이 원하는 성공을 누리며 살까요?

다. 그러나 무리 때문에 그렇게 할 수 없었다. 그는 키가 아주 작았기 때문이다. 그래서 예수께서 그 길로 지나가실 때 그를 보려고, 앞으로 달려 나가 돌무화과나무 위로 올라갔다. 예수께서는 그곳에 도착하셔서 올려다보시며 그에게 말씀하셨다.

"삭개오! 빨리 내려오게. 내가 오늘 그대의 손님으로 가야겠네."

그래서 삭개오는 재빨리 내려와서 기쁘게 예수를 맞아들였다. 그러나 구경꾼들은 못마땅해서 불평하며 말했다.

"이제 그가 진짜 죄인의 집에 묵으러 가는구나."

그러나 삭개오는 서서 주님께 말했다.

"오늘 구원이 이 집에 이르렀다!"

"보십시오, 주님. 저는 제 재산의 절반을 가난한 이들에게 주겠습니다. 또 누구에게든 사취한 일이 있다면 네 배로 갚겠습니다."

예수께서 그에게 말씀하셨다.

"오늘 구원이 이 집에 이르렀다! 삭개오는 아브라함의 자손이며, 인자는 잃어버린 자를 찾아 구원하러 왔다."

삭개오는 세관장이었습니다. 당시 팔레스타인 지역에는 세관 업무를 보던 곳이 세 군데 있었는데, 그중 한 곳의 책임자였습니다. 세리라고 불린 세관 직원들이 오를 수 있는 가장 높은 자리였습니다. 이 정도면 크게 성공한 셈입니다. 그런데 성경은 삭개오가 세관장인 동시에 부자였다고 기록합니다. 세관 업무를 통해 부를 축적했다고 암시합니다.

당시 세관 업무는 중앙 정부, 즉 로마 제국에서 "팔레스타인 지역에 사는 누구는 얼마, 또 누구는 얼마씩 세금을 내라"고 개인별로 지정해주는 방식이 아니라, "팔레스타인 지역은 세금으로 이만큼을 내라"고 전체 금액만 정해주는 방식이었습니다. 세관장은 관할 지역 사람들에게 세금을 걷어서 중앙 정부로 보낸 후, 남은 돈은 자기가 취했습니다. 세관 업무를 보는 사람이 중간에 얼마를 가져가든 로마 제국은 관심이 없었습니다. 그 지역에 할당한 세금만 잘 거둬들이면 괜찮았습니다.

그러면 어떤 일이 벌어질까요? 세관 업무를 보는 사람들은 당연히 세금을 많이 걷어 남는 금액을 착복했습니다. 그래서 세리들 중에 부자가 많았습니다. 삭개오 역시 부자였고 성공한 사람이었습니다. 민족이

처한 암울한 현실 속에서 나름 열심히 살면서 계획을 치밀하게 세워 경쟁에서 살아남았고, 결국 세관장도 되고 부자의 반열에도 올랐습니다.

겉으로는 성공한 사람이었지만 손가락질당하는 처지였습니다. 예수가 그의 집에 들어가자 사람들이 수군거립니다. "죄인의 집에 들어갔다." "죄인의 집에 묵으러 간다."

사람들은 그를 죄인이라고 여겼습니다. 당시 이스라엘 사람들은 우월 의식이 강해서 다른 민족과 사회적 관계 맺기를 극단적으로 기피했습니다. 다른 민족과 악수하는 행위조차 파렴치하다고 여겼는데 그들의 앞잡이가 되고, 게다가 자기 백성의 돈을 갈취해 간 것입니다. 이방인과 섞이고 동족을 등쳐먹었으니, 종교적으로나 사회적으로나 죄인이었습니다. 성공했지만 손가락질당하면서 삭개오의 내면에는 적지 않은 공허와 '이렇게 사는 게 전부인가?'라는 질문이 자라난 것 같습니다.

약점을 뚫고, 소망을 버리고

삭개오라는 이름은 무슨 뜻일까요? 이름에는 뜻이 있습니다. 제 이름은 김형국인데요. 빛날 형(炯)에, 나라 국(國)이니까, '빛나는 나라'입니다. 당신은 어떤 이름을 갖고 있습니까? 부모가 자녀의 이름을 지을 때는 그렇게 자라주기를 바라는 소망을 담습니다. 삭개오에 담긴 뜻은 '순결하다'입니다. 그의 부모는 삭개오가 순결하게 자라길 바랐습니다. 악하고 험한, 어쩌면 추한 세상에서 순결하게 자라라는 마음을 담아 아이 이름을 삭개오라고 지었습니다.

그런데 그는 키가 작았습니다. 상당히 작았나 봅니다. 몇 센티미터쯤 되었을까요? 사람들에 둘러싸인 예수를 볼 수 없을 만큼 키가 작아서 나무 위에 올라가야 했습니다. 왜소한 외모 때문에 콤플렉스가 있었

"삭개오! 빨리 내려오게.
내가 오늘 그대의 손님으로 가야겠네."

는지 모릅니다. 어릴 때부터 친구들에게 무시를 당하거나 놀림을 당했을 지도 모르죠. 그래서 "두고 보자, 내가 꼭 성공해서 나를 괴롭힌 너희들에게 본때를 보여주겠다."라는 마음을 먹고 더 치열하게 살았는지도 모릅니다. 상상이지만, 어쨌든 삭개오는 이름에 담긴 소망과는 달리, 거친 세상 속에서 살아남기 위해 수단과 방법을 가리지 않고 성공한, 부를 축적한 바로 그런 인물이었습니다.

세상이 다 그러니까 … ?

이런 삭개오의 모습이 우리 안에는 없을까요? 지금 우리는 엄청난 경쟁 가운데 살면서, 그 안에서 생존해야 합니다. 살아남으려면 어느 정도 타협해야 합니다. 접대도 할 줄 알아야 하고, 거짓말도 어느 정도 섞어서 말할 줄 알아야 합니다. 승진하려면, 계약을 따내려면, 불공정한 방법이라도 두 눈을 질끈 감아야 합니다. 회사도 그렇게 요구합니다. 그렇게 하지 않으면 사회에서 살아남기 어려울 때가 많습니다. 그러면서 우리는 '세상이 다 그러니까, 나만 이런 게 아니니까….'라며 위로합니다. 우리는 어쩌면 아주 거대한 경쟁 구조 안에서, 살아남으려 발버둥치는 미약한 존재인지 모릅니다. 젊은이들은 대학을 졸업하면 곧장 그 구조 속으로 빨려 들어갑니다. 그 안에서 살아남기 위해 30대 중반까지 정신없이 헤엄쳐야 하는 운명을 짊어지고 있습니다.

우리는 어쩌면
아주 거대한 경쟁 구조 안에서,
살아남으려 발버둥치는
미약한 존재인지 모릅니다.

그 속에서 잃는 것 또한 많습니다. 승자든 패자든 어릴 적 꿈은 저 멀리 사라집니다. '이런 사람이 되어야지.'라는 생각은 세월이 지나면서 점점 더 희미해집니다. '조금만 더 하면, 조금만 더 높은 자리에 올라가면, 이번에 대리가 되면, 이번에 과장이 되면, 부장이 되면….' 이러면서 그 바람은 빛이 바랩니다.

가장 안타까운 것은 소중한 사람을 잃는 것입니다. 부모님, 배우자, 아이들, 친구들, 그 소중한 관계를 담보로 경쟁사회 속을 헤쳐 나갑니다. 더 큰 고통은 자기 자신을 잃는 것입니다. 직장에서 아주 애를 쓰는 여성 몇 분과 이야기를 나눈 적 있습니다. 월요일부터 금요일까지, 또 주말까지 정신없이 달리면, '도대체 내가 누구인가?', '뭐하는 사람인가?', '월급 받기 위해 이렇게 노예처럼 내 시간 전부를, 에너지 전부를 빼앗겨야 하나?'라는 질문이 치솟는다고 합니다. 그런 질문이 찾아올 때 우리는 재빨리 스스로를 추스릅니다. "그런 소리 하지 마. 일단 살아남아야지. 약해지게 왜 그래!"

이런 가운데서 어쨌든 우리는 삭개오처럼 성공을 부여잡기 위해 고군분투하면서 애쓰고 또 애씁니다.

"꼭 한 번 봐야겠다. 어떤 사람이기에 …"

그러나 우리 모두에게는 영혼이 있습니다. 내면의 갈증이 있습니다.

"이게 아닌데, 이게 전부가 아닌데…." 젊은 날의 목소리가 자꾸 들려옵니다. 우리 내면에 '그게 전부가 아닌데….'라는 생각이 자꾸 떠오릅니다. 삭개오는 이런 질문을 품고, 예수라는 분이 혹시 삶에 다른 의미를 줄 수 있을까 싶어 예수를 찾아가는 일종의 순례를 시작합니다.

그는 예수를 보려고 기를 썼으나 키가 작아서 보지 못했습니다. 그래서 그가 어떻게 했습니까? 나무에 올라갔습니다. 한번 생각해 보세요. 길 가다가 누가 나타났다고 얼굴 한번 보면 좋겠다는 생각이 드나요? 이런저런 이유로 얼굴을 볼 수 없다고 가로등까지 올라갈까요? 아마 아닐 겁니다. 평범한 사람은 절대 그렇게 하지 않습니다. 그만큼 삭개오는 예수가 정말 보고 싶었습니다. 단순한 호기심이 아니라, 꼭 그분을 만나고 싶었습니다. 도대체 어떤 분이기에 사람들이 그토록 열광하는지 알고 싶었습니다.

누가복음을 잘 살펴보면, 삭개오가 왜 이런 마음을 품었는지가 이해됩니다. 누가복음 5장 27절과 28절에는 "그 후에 예수께서 나가셔서, 레위라는 세리가 자기 사무실에 앉아 있는 것을 한참 쳐다보셨다. 예수께서 그에게 말씀하셨다. '나를 따라오게!' 그러자 그는 일어나서 모든 것을 내버려 두고 예수를 따라갔다."라는 기록이 있습니다. 레위는 세리였습니다. 세관장이 아닌 말단 세리였죠. 예수가 그에게 "나를 따라오게!"라고 하니까 일하다 말고 따라갔습니다. 직장을 버리고 따라나선 것입니다. 예수는 굉장히 카리스마가 넘치는 분이었던 것 같습니다. 레위가 퇴직금을 받았을까요? 받지 못했겠죠. 직장에서 무단이탈

했으니 상부에 보고가 됐겠죠. 삭개오는 레위라 불린 사내가 2-3년 전에 근무지를 이탈해 젊은 지도자를 따라갔다는 이야기를 들었을 것입니다. 그 후에 그의 인생이 완전히 달라졌다는 풍문도 들었을 것입니다. 그것이 바로 누가복음 5장 후반부 이야기입니다. 그런데 누가복음 15장에 가면 1절에 "세리와 '버림받은 자'들이 다 예수께서 하시는 말씀을 들으려고 주변에 몰려들었다."라는 기록이 나옵니다. 예수가 레위를 부른 후에 많은 세리와 죄인들이 예수에게 나아왔고, 예수는 그들을 가르쳤습니다. 이것이 누가복음 15장 이야기입니다.

그리고 지금 우리가 살펴보고 있는 삭개오에 대한 기록이 19장입니다. 상상이 됩니까? 삭개오는 더럽고 치사한 방법일지라도 그렇게 해서 치열한 경쟁에서 성공했습니다. 성공의 사닥다리 맨 꼭대기에 올라가 앉았습니다. 하지만 내면에는 '이게 전부가 아닌데….'라는 생각이 자라났습니다. '이게 전부가 아닌데, 이것 때문에 너무 많이 잃어버리고 있는 건 아닌가….'라는 공허감이 점점 부풀어 올랐습니다. 그러던 중에 같은 세관 업무를 보던 한 사람이 어떤 청년을 좇으면서 인생이 바뀌었다는 이야기를 듣습니다.

그뿐 아니라, 그런 사람들이 점점 늘고 있다는 보고도 듣습니다. 그 말을 듣고 삭개오는 예수라는 이 청년이 내 인생에 어떤 영향을 줄지도 모른다는 기대가 생겼습니다. 그런데 이 예수가 바로 자기 동네인 여리고에 온다는 소식을 들었습니다. 그래서 '꼭 한 번 봐야겠다. 어떤 사람이기에 그렇게 많은 사람 인생을 바꿔 놓았다는 거야.'라는 궁금증을 품고 기다렸습니다. 그랬기 때문에 높은 사회적 지위와 많은 나이에도 불구하고 돌무화과나무 위에 올라간 것입니다. 그만큼 보고 싶었던 것이지요.

첩첩산중 방해물들

그런데 불행하게도 삭개오가 예수를 보려 했을 때 방해물이 너무 많았습니다. 일단 체면입니다. 다 큰 어른이 어떻게 나무 위에 올라갑니까? 아무리 급해도 체면이 일단 그를 붙잡았겠죠. 물론 그 전에 예수를 둘러싸고 있는 많은 군중이 그를 막아 세웠습니다. 군중들 중에 누가 있었을까요? 제자들이 있었습니다. 저는 베드로의 모습이 보이는 듯합니다. 예수 옆에서 어깨에 힘주고 폼 잡고 있는 베드로와 제자들. 예수에게 접근하려는 삭개오에게 그들은 넘어야 할 큰 산이었습니다.

오늘날도 마찬가지라고 생각합니다. 많은 사람이 예수에 관심을 갖는 이유는 단 한 가지 때문입니다. 친구들이, 다른 사람들이 예수를 만나서 인생이 변했다는 이야기를 듣거나 보았기 때문입니다. 그런데 이 일이 거꾸로도 일어납니다. 요즘 많은 사람이 예수에 대한 흥미를 잃어버렸는데 예수를 만났다는 사람들이 이상하게 살기 때문입니다. 실제로 많은 분이 기독교에 적대감을 표시합니다. 대개는 과거의 불쾌한 경험과 상처에서 출발합니다. 하나님을 믿는다는 사람들이 좋지 않은 이

미지와 나쁜 감정을 남기곤 합니다.

가장 큰 충격은 종교인의 위선입니다. 하나님을 따른다는 사람들의 위선, 겉과 속이 다른 모습은 하나님을 찾으려는 사람들을 주춤하게 만듭니다. 예수 옆에서 폼 잡고 있던 제자들처럼, 예수를 따르는 무리가 오히려 예수에게로 가는 길을 막을 때가 많습니다.

그럼에도 불구하고 비그리스도인이 예수에 관심을 가지는 이유는 주변 누군가가 예수 때문에 인생이 바뀌어 가는 것을 목격했기 때문입니다. '저렇게 살면 좋겠는데….'라는 일말의 가능성을 발견하고, '예수가 내게도 저런 영향을 끼치지 않을까?' 하는 약간의 호기심이 일어나는 것이지요.

예수를 둘러싸고 있는 사람들 외에도 여러 방해물이 있습니다. 우리는 너무 바쁩니다. 주일마다 교회 가느니 차라리 쉬자는 마음들. 그런 마음을 떨치고 이 책을 계속 붙들고 있는 당신은 삭개오처럼 이미 예수에 대해 상당히 궁금해하는 분이 분명합니다.

내면의 두 목소리가 싸웁니다

하지만 종교인의 위선이나 분주한 일상보다 더 큰 방해물이 있습니다. 삭개오의 마음에도 있었고 우리 마음에도 있는 것입니다. 그것은 '나한테 예수가 꼭 필요할까, 예수 없이도 지금껏 잘 살아왔는데, 하나

'나한테 예수가 꼭 필요할까,
예수 없이도 지금껏 잘 살아왔는데…'

님 없이도 여기까지 잘 왔는데, 꼭 신을 믿어야 할까, 이 나이에 신을 찾은 게 더 구차해 보이지 않나, 불편해지지 않을까….' 하는 생각입니다. "네 인생, 이만하면 괜찮아." 하는 목소리와 "아니야, 안 괜찮아. 너무 외롭고 허무하잖아." 하는 목소리가 우리 속에서 싸웁니다.

톨스토이는 짧은 우화를 여러 개 썼는데 재밌는 것들이 있습니다. 그중 하나를 소개합니다. 수도사에게 두 여인이 찾아와 가르침을 달라고 청했습니다. 그랬더니 수도사가 "그러면 일단 하나님 앞에 나아가서 참회부터 하세요."라고 했습니다. 그랬더니 한 여인은 아주 큰 소리로 울면서 참회했습니다. 진심으로 큰 죄를 고백하며 참회했습니다. 그러나 옆에 있던 다른 여인은 맹숭맹숭하게 서 있었습니다. '참회할 게 별로 없는데? 나는 정상적으로 살았는데, 이 여자는 정말 죄를 많이 지었나 보네.'라는 표정으로 가만히 있었습니다.

그다음에 수도사는 두 여인에게 과제 하나를 주었습니다. 참회한 여인에게는 "당신이 들 수 있는 가장 큰 돌을 들고 오세요."라고 했고, 그냥 서 있던 여인에게는 큰 자루를 주면서 "돌을 잔뜩 넣어서 오세요."라고 했습니다. 잠시 후 한 여인은 큰 돌을 들고 왔고, 다른 한 여인은 자루에 돌을 잔뜩 넣어 왔습니다. 수도사가 말했습니다. "자, 그럼 가지고 온 돌을 원래 자리에 갖다놓으세요." 그러자 큰 돌을 들고 왔던 여인은 돌을 그 자리에 갖다 두고 왔습니다. 하지만 자루에 돌을 잔뜩 넣어온 여인은 "이 많은 돌을 어떻게 제자리에 갖다 놔요? 어디 있었는지 어떻게 알아요?"라고 이야기했습니다.

그러자 수도사가 말했습니다. "당신이나 이 여인이나 죄의 양은 비슷합니다. 이 사람은 큰 죄를 지었기 때문에 자신이 죄인인 줄 알았고, 당신은 여기저기서 자잘한 죄들을 지었기 때문에 둘이 죄의 양은 같은데도 스스로를 정상이라고 생각할 뿐입니다. 당신도 이 사람처럼 참회할 수 있는 사람입니다."

하나님을 찾지 못하도록 막는 가장 큰 방해물은 종교인의 위선이나 바빠서가 아닙니다. 본질로 더 내려가면 '나는 그래도 괜찮은 사람이야, 이만한 짓은 다 하고 살잖아, 이걸로 나를 나쁘다고 할 수 있을까?'라는 내면의 자세가 있습니다. 이런 태도가 영혼의 상태를 살피거나 삶의 의미를 찾지 못하게 하고 결국은 하나님을 진지하게 바라보지 못하게 막습니다.

삭개오의 이름을 부른 예수

삭개오는 이런 어려움들을 극복하고 예수에게 나아갑니다. 그런데 성경의 기록을 잘 살펴보면 삭개오가 예수를 찾은 것이 아니라 예수가 삭개오를 찾았다는 사실을 알 수 있습니다.

저는 이 장면을 영화처럼 상상해 보는데요. 여기 나무 위에 삭개오가 올라와 있습니다. 그는 앞서 이야기했듯이 예수가 대체 어떤 사람인지 확인하고 싶어 안달이 난 사람입니다. 그 예수가 저쪽에서 오고 있습니다. 얼굴이 보일까요? 사람들 틈에 가려 잘 보이지 않는 상황입니다. 돌무화과나무 가까이로 다가오자 예수의 얼굴도 좀 더 잘 보이기 시작합니다. 점점 가까워지더니 이제 바로 아래까지 왔습니다. 가르마가 보이겠죠. 참 아이러니하게도 가장 가까워졌지만 정작 예수의 얼굴을 볼 수가 없습니다. 예수의 눈동자를 보고 싶은데 그럴 수가 없습니다.

그런데 그 순간 예수가 올려다봅니다. 턱 밑에 있지만 볼 수 없었던 그 얼굴이 위로 젖혀지더니 자신을 쳐다봅니다. 실제로 예수는 삭개오를 만나러 여리고에 왔습니다. 그다음 이어지는 대화가 이를 잘 설명해 줍니다. 예수가 삭개오를 올려다보면서 "나무에 올라가 계신 분, 내려오세요."라고 하지 않았습니다. "거기 키 작은 분, 내려오세요."라고도 하지 않았습니다. '삭개오!'라고 이름을 불렀습니다. 그러고는 "빨리 내려오게. 내가 오늘 그대의 손님으로 가야겠네!"라고 말했습니다.

여리고 성에서 일어난 이 사건을 보면, 예수 주변에 수많은 사람이 운집했지만, 예수는 한 사람만 보고 있는 것 같습니다. 그 이름을 부릅니다. 외모나 직위나 현재 상태로 부르지 않고 그 사람의 이름을 부릅니다. 마치 삭개오라는 이름에 담긴 원래 의미를 되살리려는 듯, 그의 고유한 가치를 재차 확인하듯 이름을 부릅니다. "삭개오! 빨리 내려오게. 내가 오늘 그대의 손님으로 가야겠네. 그대의 집에 묵겠네."

비판하거나 지은 죄를 따지기 전에 "내가 당신 친구입니다. 내가 당신 집에 머무르겠습니다. 이야기도 나누고 저녁도 같이 먹읍시다."라고 이야기합니다.

삭개오에게 정말 필요한 것은 바로 이런 말이었습니다. 삭개오는 자신의 존재를 있는 그대로 받아들이는 누군가를 찾고 있었는지 모릅니다. 로마에 빌붙어 동족의 피를 빨아먹는다고 손가락질하는 사람 말고, 친구가 되어주는 사람이 필요했습니다. 치열한 경쟁에서 이기기 위해 모든 것을 희생해 친구조차 없는 사람에게 친구로 찾아온 예수, 삭개오는 그런 사람을 간절히 찾고 있었습니다.

위험을 무릅쓰고 찾은 한 사람

예수는 이 만남으로 인해 엄청난 정치적 위험을 감수해야 했습니다. 예수는 여리고에서 하룻밤을 묵은 다음 예루살렘 성으로 들어갑니다. 그 후 예수는 마지막 일주일을 보내고 예루살렘에서 죽습니다. 예수는 죽으러 예루살렘에 올라간다는 사실을 알고 있었고, 제자들에게도 미리 알렸습니다. 이런 상황에서 세관장의 집에 하룻밤을 머무르는 것은 큰 물의를 일으킬만한 일인데, 예수는 이런 말도 안 되는 일을 합니다. 저 같으면 제자들을 보아 놓고 앞으로 어떻게 할지 작전도 짜고 회의도 했을 텐데, 예수는 삭개오의 집에 머물기로 합니다. 정치적으로 정말 어리석은 판단입니다. 그렇지 않아도 유대인들이 싫어하는 세관장 집에 들어가다니…. 사람들이 극도로 싫어하는 일을 한 것입니다.

많은 사람이 하나님을 오해합니다.

성경은 예수를 통해 하나님이 어떤 분인지를 잘 보여줍니다.
하나님은 사람을 무리로 보지 않습니다.
당신을 무리 속 한 사람으로 보지 않습니다.
당신의 이름을 부르고 찾습니다.
한 사람 한 사람을 향해 말씀하십니다.
"내가 너를 안다. 네가 어떻게 살고 있고 어떻게 살아왔는지.
무엇을 고민하며 치열한 경쟁 속에서
또 얼마나 힘들어하는지를 알고 있다.
그리고 너의 고유한 가치가 무엇인지도 알고 있다."

그러니까 한 개인 한 개인을 찾아가는 하나님입니다.
그분이 바로 예수입니다.
예수는 생사가 갈리는 절체절명의 순간에
놀랍게도 여리고에서 한 사람을 찾아갑니다.
삭개오 한 사람을 찾아가 만났듯
예수는 지금도 하나님을 찾는 사람을 단독으로 만납니다.
그의 원래 가치를 다시 찾아주고 기꺼이 친구가 됩니다.

예수를 만나는 한 가지 조건

예수의 말을 들은 삭개오가 어떤 반응을 보였나요? "삭개오는 재빨리 내려와서 기쁘게 예수를 맞아들였다."라고 성경은 기록합니다. 누가복음의 저자인 누가는 지적 능력도 상당하고 교육도 많이 받은 사람입니다. 그래서 이렇게 점잖게 표현했습니다. 저라면 "삭개오는 나무에서 떨어지듯 내려와 기뻐하며 예수를 모셔 들였다."라고 표현했을 것입니다. 그토록 마주하고 싶었던 예수가 바로 밑에서 고개를 들고 "삭개오!" 하고 불렀을 때, 가슴이 터질 듯 쿵쾅거렸겠죠. 그러고는 "너에게 한 수 가르쳐주고 떠나겠다. 똑바로 살아라!"가 아니라, "내가 오늘 그대의 집에 머무르겠소. 내가 그대의 친구가 되겠소."라고 했으니, 어떻게 나무를 붙잡고 내려왔겠습니까. 떨어지듯 땅에 내려왔을 가능성이 큽니다. 그렇게 삭개오는 예수를 모시고 집으로 들어갑니다. 그러고는 잔치가 벌어집니다.

하나님과 인간의 만남은 잔치입니다. 많은 분이 하나님 하면, 인간의 잘못을 지적하고 벌주는 분으로 생각합니다. 그러나 성경은, "나는 하나님이 필요한 존재야."라고 인정하는 사람을 죄인이라고 합니다. 앞에서 이야기했듯 큰 돌 하나든 조그만 돌 여러 개든 똑같은 죄인입니다. 하나님 앞에서 자신을 그런 존재로 인정하는 사람은 하나님을 만날 준비가 된 사람입니다.

예수가 삭개오의 집을 찾는다고 하자, 많은 사람은 예수가 이렇게 말하지 않을까 기대했습니다. "너, 무지하게 죄 많이 지었지. 동족한테 돈 뜯어서 부자 된 줄 다 알고 있다. 그것부터 정리해. 그러면 내가 너와 같이 있겠다."

그런데 예수는 뜻밖에도 일절 그런 말을 안 합니다. 자기 내면에 문제가 있는 줄 스스로 알고 있던 삭개오에게 이런 말만 합니다. '함께 머물겠다. 친구가 되겠다.' 하나님과의 만남이 시작됩니다.

성경이 말하는 하나님과 인간의 미묘하고 신비한 관계의 핵심은, 하나님이 인간을 인격적으로 만난다는 것입니다. 우리를 있는 그대로 받아주신다는 것입니다. 내 상태가 어떻든지 간에 그냥 그대로 받아주십니다.

그러나 한 가지 조건이 있습니다. '나는 하나님이 절체절명으로 필요합니다.'라는 자세입니다. 삭개오처럼 다 큰 어른이 나무에 올라가서라도 예수를 보려 했던 그 마음이 필요합니다. '내게 결격사유가 있다. 성공했지만 그게 다가 아니다. 더 오르기 위해 애쓰고 있지만, 그것만으로는 해결이 안 될 것 같다. 답을 줄 수 있는 분이 따로 있지 않을까.' 이런 기대감으로 하나님을 찾는다면 예수가 당신을 만날 것입니다.

만나서 친구가 되고 당신의 원래 가치를 일러 줄 것입니다. "그대는 원래 순결한 사람입니다. 그대 이름의 뜻은 순결입니다." 그러자 삭개오가 어떤 반응을 보이나요? 잔치가 끝날 때쯤 벌떡 일어나, "주님, 제 재산의 절반을 가난한 이들에게 주겠습니다. 또 누구에게든 사취한 일이 있다면 네 배로 갚겠습니다."라고 선언합니다.

받은 사랑에 대한 응답

하나님의 사랑을 받은 사람은 하나님의 사랑을 나누기 마련입니다. 우리 교회는 교회 안팎의 '변혁'을 위해 여러 일을 하는데, 언젠가 한 분이 이런 말씀을 하셨습니다. "이 교회는 처음 와서는 다니기 쉬운 교회처럼 보이는데, 일단 발을 들여놓으면 되게 피곤한 교회다. 가정교회도 해야 하고, 변혁도 하고 선교도 해야 한다. 해야 할 게 왜 이렇게 많은지?"

만약 우리가 예수의 사랑을 경험하지 못했다면, 이 모든 것은 해내야 하는 '일'에 불과합니다. 우리를 굉장히 피곤하게 만드는 요소가 되는 것이지요. 하지만 예수를 인격적으로 만나고 그가 나를 얼마나 사랑하는지 알기 시작하면, 그 사랑을 누리기 시작하면, 그 사랑을 누군가에게 주고 싶어집니다.

제가 볼 때 삭개오의 성격은 정말 불같습니다. 갑자기 재산의 절반을 나눠주고 또 네 배로 갚겠다는 이야기를 하다니요. 좀 심하다는 생각도 듭니다. 물론 모든 사람이 이래야 하는 것은 아닙니다. 자기 분량에 맞게, 사랑을 받는 만큼 사랑을 나누고 싶은 마음이 생깁니다. 이것이 예수를 만난 사람들의 특징입니다. 그들에게는 뭘 해야 한다는 것이 더 이상 의무가 아니라, 받은 사랑에 대한 응답입니다.

사랑을 받았기 때문에, 사랑을 나누는 일이 그리스도인들에게는 너무나 자연스러운 것입니다. 삭개오가 하나님을 매우 정상적으로 만났다는 사실이 여기서 드러납니다. 그러자 예수가 "오늘 구원이 이 집에 이르렀다!"고 말합니다. 결론을 내듯이 마침표를 찍는 말입니다.

이 구절을 '재산을 절반이나 내놨으니까 구원을 받았지.'라고 잘못 이해하면 안 됩니다. 예수가 삭개오의 집에 들어갔을 때 이미 구원은 그곳에 이르렀습니다. 삭개오의 삶이 변하는 과정을 통해 예수가 "구원에 이르렀다!"라고 선언한 것입니다.

진짜 가치를 누리는 자

이어서 예수가 마지막으로 말합니다. "삭개오는 아브라함의 자손이며, 인자는 잃어버린 자를 찾아 구원하러 왔다." 예수는 바로 이 때문에 십자가에 매달리는 절체절명의 순간을 앞두고도, 그 아슬아슬한 때에 한 사람을 구하려 그 집에 묵었습니다. 이 사건의 의미는 대단히 큽니다.

하나님이 여전히 우리를 60억 인구 중에 하나로 본다고 생각하십니까? 하나님은 우리를 일대일로 보고 계십니다. 예수가 온 인류의 죄를 대신 지고 십자가에 죽었다고 해서 개념적이고 추상적으로 온 인류를 구한 것이 아닙니다. 삭개오의 경우처럼 아주 위태로운 순간에도 우리 한 사람 한 사람을 찾아오셔서 구해냅니다. 성경이 말하는 하나님은 그런 분입니다.

자본주의 체제는 쉬이 바뀌지 않을 테고, 그 안에서 성공하라는 이야기도 끊임없이 들려오겠죠. 성공해야 존경받고, 성공해야 결국 사랑도 받을 수 있다고 이야기합니다. 그래서 많은 사람이 성공을 위해 소중한 것들을 전부 담보로 잡힙니다. 전부 희생합니다.

특히 젊은이들은 생존경쟁에 휘둘리며 20대 후반을 보내고 30대 중반까지 정신없이 떠밀려 살아갑니다. 그렇게 흘러가다가 30대 후반에 이르러서야 자기 인생이 원래 바라던 바와는 너무도 다르게 흘러간다는 것을 깨닫습니다.

이 장에서 말씀드린 주제는 '경쟁사회 속에서 어떻게 살아남을까?'가 아닙니다. 더 중요한 것은 그 속에서도 예수는 우리를 찾아오고 있으며, 그 예수를 만나면 우리 삶이 어떤 모양으로든지 달라진다는 것입니다. 경쟁사회라는, 그야말로 톱니바퀴처럼 돌아가는 세상에 희생되지 않고 자기 나름의 삶을 가치 있게 살아갈 길을 보여줍니다.

어떤 길인지는 알 수 없습니다. 각자 처한 상황에 따라 다 다를 것입니다. 하지만 우리 각자의 어려움 속으로 주님은 찾아오십니다. 우리 이름을 부르면서 "○○아! 내가 너와 함께 하겠다. 내가 너를 사랑하는 줄 알고 또 누리면 좋겠다. 내 사랑만으로 충분하다는 것을 네가 깨달으면 얼마나 좋을까. 내가 너를 정말로 사랑한다."라고 말씀하십니다. 이 예수를 만난 사람들은 삭개오처럼 전혀 다른 삶을, 자기 상황에 따라 나름대로 변화한 삶을 살 것입니다.

저는 당신이 경쟁 사회의 희생양이 아니라 그 속에서 예수를, 하나님

> 당신이 경쟁 사회의
> 희생양이 아니라
> 그 속에서 예수를,
> 하나님을 온전히 만나는
> 사람이 되기를 바랍니다.

을 온전히 만나는 사람이 되기를 바랍니다. 그래서 우리 삶이 원래 꿈꿨던 본연의 가치를 누리기를 바랍니다. 그런 삶을 우리 모두가 찾기를 간절히 바랍니다.

"종교는 있지요. 가끔 마음의 위안도 받습니다.
그런데… 그냥 그럭저럭하고 있죠."
"어차피 사는 게 다 이렇지 뭐. 다른 사람은 안 그런가?
오늘 밤엔 영화나 한 편, 아니면 술이나 한잔 하지 뭐."
"다시 태어나야 한다고요? 그게 뭔가요?"
"저는 죽은 다음은 몰라요. 무(無)가 되겠지요.
그냥 지금 삶에 충실할게요."

4
만남의 순간, 넷
니고데모

껍데기만 남은
종교 생활에 길을 잃은
당신을 만난다

진리 앞에 텅 빈 내면을
비춰보는 당신

　　　　　　모든 사람이 하나님을 진실로 만나고 누리는 것 같지는 않습니다. "신앙생활 하십니까? 종교가 있으세요?"라는 질문에 대다수의 사람은 "종교는 있지요. 가끔 마음의 위안도 받습니다. 그런데… 그냥 그럭저럭하고 있죠."라고 말합니다. 뭔가 충분치 않다고 스스로도 느낍니다. 조금 냉정하게 말하면 '속 빈 강정' 같은 사람들이 적지 않습니다.

　그들은 교회에 나가서 예배도 드리고 여러 종교 활동에도 참여합니다. 하지만 그런 활동을 통해 하나님을 진실로 만나 함께 인생길을 걷는다고는 느끼지 못합니다. "종교가 뭐 세요?"라는 질문에 "기독교"라고 분명히 답하면서도, "하나님과 동행하고 있습니까?", "하나님의 사랑을 누리고 있습니까?"라는 질문이 나오면 겸연쩍어합니다.

그래서인지 다른 사람들이 소위 '체험'했다는 말을 하면 혼란에 빠지고 속상해합니다. '정말? 그게 진짜일까?'라는 마음이 들면서도 한편으로는 '왜 나는 그런 경험이 없지?'라며 아쉬워합니다. 하나님을 열광적으로 찬양하는 사람들을 보면 양가감정이 듭니다. '가짜 같은데…'라는 생각을 하면서도 '나도 좀 저래 봤으면…'하는 마음도 듭니다. 이런 분들은 도올 김용옥 선생이나 다빈치 코드 같은 주장을 접하면 신앙이 왔다 갔다 합니다. 비슷한 주장들은 앞으로도 계속 나올 텐데 그때마다 신앙이 흔들릴지 모릅니다. 사실 우리가 모든 것을 완벽하게 알지는 못하기 때문에 그런 주장들에 완벽하게 대응하기는 어렵습니다. 그러나 삶에서 하나님을 진실하게 경험하고 누리고 있으면 지적으로 오도하는 질문을 접하거나 특별한 체험을 듣더라도 혼란스럽거나 불편하지 않을 수 있습니다.

속 빈 강정, 니고데모

저는 성경에 나오는, '속 빈 강정' 같은 한 사람을 당신에게 소개하고 싶습니다. 그는 종교 지도자 위치에 있었고, 그에 걸맞게 상당히 높은 사회적 지위를 누렸습니다. 하지만 자신의 비어있는 내면을 바라보며

껍데기만 남았다고 생각했습니다. 그의 이름은 바로 니고데모입니다.

어느 날 밤 유력한 유대인이자 바리새인인 니고데모가 예수를 보러 왔다. 그는 이렇게 시작했다. "랍비님, 당신은 하나님이 보내신 선생님이 맞습니다. 하나님 없이는 누구도 선생님 같은 표적을 보여 줄 수 없으니까요."
예수께서 대답하셨다. "분명하게 말씀드리는데, 제 말을 믿으세요. 사람이 다시 태어나지 않으면 하나님 나라를 볼 수가 없습니다."
니고데모가 대답했다. "어떻게 나이 든 사람이 다시 태어날 수 있습니까? 어머니 배 속에 다시 들어갈 수는 없지 않습니까?"
예수께서 말씀하셨다. "분명하게 말씀드립니다. 물과 성령으로 태어나지 않으면 하나님 나라에 들어갈 수 없습니다. 육체는 육체를 낳고, 영은 영을 낳습니다. 여러분 모두가 다시 태어나야 한다고 제가 말했다고 해서 놀라지 마십시오. 바람은 불고 싶은 대로 붑니다. 그 소리는 들을 수 있지만 어디서 와서 어디로 가는지는 모릅니다. 성령의 바람으로 태어나는 것도 이와 마찬가지로 알 수 없습니다."
니고데모가 대답했다. "도대체 어떻게 이런 일이 일어날 수 있습니까?"
예수께서 말씀하셨다. "당신은 이스라엘의 선생인데, 이런 것들을 모르나요? 분명히 말합니다. 우리는 우리가 아는 것을 말하고 우리가 목격한 것을 증언하지만, 당신은 우리의 증언을 받아들이려 하지 않습니다. 내가 이 땅에서 일어나는 일을 말해도 나를 믿지 않는데, 하늘에서 일어나는 일을 말한다고 나를 믿을까요? 하늘에서 내려온 인자 외에는 하늘에 올라가 본 사람이 없습니다. 모세가 광야에서 뱀을 들어 올렸듯이, 인자도 사람들 머리 위로 들려 올려야 합니다. 이는 그를 믿는 자는 누구나 영생을 얻게 하려는 것입니다. 하나님은 세상을 아주 많이 사랑하셔서 자신의 외아들을 주셨습니다. 그 아들을 믿는 사람은 잊히거나 버려지지 않고 모두가 빠짐없이 영원한 생명을 얻습니다. 하나님이 자기 아들을 세상에 보내신 이유는 세상에 형벌을 주기 위해서가 아니라 그 아들을 통해 세상을 구하기 위해서입니다. 그 아들을 믿는 사람은 누구든 심판을 받지 않습니다. 그러나 믿지 않으려는 사람은 이미 유죄 판결을 받았습니다. 그는 하나님의 외아들이 맡은 역할을 믿지 않으려 하기 때문입니다."

요한복음 3장 1절부터 18절까지의 기록입니다. 예수와 니고데모의 대화는 주의 깊게 읽어야 합니다. 예수가 어떻게 말했을지 생각하면서요. 예수는 고압적이거나 거룩한 척 하지 않았고, 그렇다고 가볍지도 않았습니다. 무척 친절하면서도 위엄 있는 말투로 읽으셔야 합니다.

인간의 두 세계

니고데모를 살펴보기 전에, 인간에게 두 세계가 있다는 점을 먼저 말씀드려야겠네요. 우리는 흔히 겉으로 드러나는 세계가 전부라고 생각합니다. 그런데 우리가 사는 세상은 사실 두 개의 세계로 이루어져 있

많은 사람에게 존경 받는 위치에 있는 그가
한밤중에 예수를 찾아갑니다.

만남의 순간, 넷_ 껍데기만 남은 종교 생활에 길을 잃은 당신을 만난다습니다. 하나는 외면의 세계이며, 또 하나는 내면의 세계입니다. 외면의 세계는 오감만으로도 충분히 알 수 있습니다. 그런데 내면의 세계는 다른 사람은 절대로 볼 수 없는, 자신만 아는 세계입니다. 특별히 하나님께서 은사를 주신 분들은 다른 사람의 내면을 살필 수도 있지만, 다 보지는 못합니다. 하나님께서 보여주신 부분만 볼 뿐입니다.

그럼 이제 니고데모의 두 세계를 알아봅시다. 먼저 외면 세계입니다. 그는 바리새파 사람이며 종교 지도자였습니다. 바리새파 사람들은 당시 유대인을 이끌던 일종의 엘리트였습니다. 그들은 성경에 정통했고 성경에 따라 살았으며, 모범적이고 윤리적인 소수파였습니다. 그들은 일주일에 두 번씩 금식도 했습니다. 종교 생활에 무척 충실한 사람들이죠. 니고데모도 당시 존경받던 유대 지도자 중 한 사람이었습니다. 겉으로 보기에는 멀쩡했고 다른 사람들이 흠모할 만한 것들을 갖추고 있었습니다. 이것이 그의 외면 세계입니다.

그러나 그의 내면은 그렇지 않았나 봅니다. 많은 사람에게 존경받는 위치에 있는 그가 한밤중에 예수를 찾아갑니다. 밤에 찾아간 이유에는 두 가지 해석이 있습니다. 먼저, 나이도 많고 유력한 지도자가 최근 들어 갑작스럽게 주목받는 젊은 지도자인 예수를 찾아 지도를 받다니, 창피한 일입니다. 그래서 다른 사람 눈에 띄지 않는 밤에 찾아갔다는 추측이 있습니다. 다른 하나는, 랍비에게 무언가를 배울 때는 밤에 찾아가는 전통을 따랐다는 추측도 있습니다. 어떻게 해석하든 확실한 것은, 니고데모는 자신의 신앙생활에 만족하지 않았으며, 뭔가 비어있다고 느꼈다는 사실입니다. 만약 그렇지 않았다면 젊은 지도자인 예수를 찾아갈 이유가 없었겠죠. 그의 내면은, 분명하진 않지만 뭔가 흐려져 있고 비어있었습니다.

다시 태어나야 볼 수 있습니다

니고데모의 내면세계를 더 정확히 알 수 있는 단서가 있습니다. 바로 예수의 반응인데요. 첫 대면에서 니고데모는 예수에게 "랍비님, 당신은 하나님이 보내신 선생님이 맞습니다. 하나님 없이는 누구도 선생님 같은 표적을 보여 줄 수 없으니까요."라며 인사를 건넵니다. 그러면 보통은 "그렇게 생각하십니까?" 혹은, "과찬이십니다."라고 대답합니다. 그런데 예수는 인사하는 도중에 갑자기 뚝 끊듯이 "분명하게 말씀 드리는데, 제 말을 믿으세요."라고 합니다. 동문서답이죠. 그리고 갑자기 "사람이 다시 태어나지 않으면 하나님 나라를 볼 수가 없습니다."라고 선언하듯 말합니다. 니고데모 입장에서는 무척 당황스러운 말입니다.

그뿐만 아니라 '다시 태어나다'라는 의미심장한 표현도 하는데요. 이 단어는 보통 신문에서 "정치권, 다시 태어나야"와 같은 예로 많이 쓰입니다. 사실 '다시 태어나다'라는 표현은 성경에서 처음 등장해 오늘날까지도 많이 쓰이는 말입니다. 그러다 보니 사람들은 이 단어의 뜻을 '정신적 각성', '새로운 마음을 갖는 것', '제도 개선' 등으로 착각도 합니다. 이 단어에 담긴 본뜻은 잠시 후에 자세히 알아보겠습니다.

'다시 태어나다'라는 말을 하고는
"그렇지 않으면 하나님 나라를 볼 수 없습니다."라고 덧붙이는데요.
이 말은 바리새인들에게 굉장히 불편한 말입니다.
하나님 나라는 그들의 전공과목이며
반복해서 가르치는 내용입니다.
그런 그들에게,
그들로서는 처음 들어보는
'다시 태어나다'라는 표현까지 해 가면서
하나님 나라를 볼 수 없다고 했으니,
바리새인 니고데모는
굉장히 충격을 받았을 것입니다.

니고데모는 '다시 태어나다'가 무슨 뜻인지 몰랐습니다.
이 사실은 이어지는 대답에서 알 수 있습니다.
그는 잘 알고 있다는 반응 대신,

"어머니 배 속에 다시 들어갈 수는 없지 않습니까?"라는
엉뚱한 대답을 합니다.
잘 모른다는 말이죠.
이렇듯 그는 바리새인이라는
멋진 외면을 지녔지만,
속은 다시 태어나지 않은 채 텅 비어 있었습니다.
현대적으로 각색하면,

교회도 가고
기도도 하고
성경도 읽지만
중심에 하나님이
없었습니다.

그를 믿는 자는 누구나 …

예수는 그에게 "물과 성령으로 태어나지 않으면 하나님 나라에 들어갈 수 없습니다.…바람은 불고 싶은 대로 붑니다. 그 소리는 들을 수 있지만 어디서 와서 어디로 가는지는 모릅니다. 성령의 바람으로 태어나는 것도 이와 마찬가지로 알 수 없습니다."라며 다시 태어나는 것에 대해 설명합니다. 그런 후에 "모세가 광야에서 뱀을 들어 올렸듯이, 인자도 사람들 머리 위로 들려 올려야 합니다."라는 이상한 이야기를 합니다.

이 장면을 보노라면 고수들의 대화 장면이 떠오릅니다. 고수들의 대화는 중간 과정을 생략합니다. 제 아들이 요즘 게임을 열심히 하는데요. 사촌 형과 만나서 게임 이야기를 하면 저는 못 알아듣습니다. 설명이 없어요. 고수들의 대화거든요. 예수와 니고데모도 성경의 고수들입니다. 듣는 사람들은 무슨 이야기인지 몰라도 그들 사이에서는 대화가 착착 진행되고 있습니다.

이 고수들의 대화 속으로 한번 들어가 봅시다. 예수의 뱀과 인자 이야기를 듣고서 니고데모는 민수기를 떠올렸을 것입니다. 민수기는 구약 성경 중 한 권으로, 이집트의 폭정에 시달리는 이스라엘 백성을 하나님이 구출해 가나안 땅으로 인도하는 이야기입니다. 가나안 땅으로 가는 중에 이스라엘 백성은 격렬하게 불평합니다. '차라리 이집트 땅에 있을 때가 좋았다.'라는 말까지 나옵니다. 하나님은 당연히 이들에게 진노했습니다. '죽을 운명에서 구해줬더니 가는 길이 힘들다고 불평하고, 지도자인 모세를 탓하고, 하나님까지 원망하다니.'

결국, 하나님은 불뱀을 보내서 사람들이 물려 죽도록 내버려 둡니다. 그때 모세가 하나님께 기도합니다. "하나님, 당신의 이름을 위해 구원한 이들을 광야에서 죽도록 두시면 어떡합니까? 죽어 마땅한 자들이지만 하나님 당신의 이름을 위해서라도, 저를 좀 봐서라도 살려 주십시오."

그러자 하나님께서 말씀하십니다. "그러면 놋으로 된 뱀을 하나 만들어서 장대에 매달아라. 그리고 그것을 보는 자들은 낫게 해주겠다." 이후 그 놋뱀을 본 사람들은 병이 나았다는 이야기가 민수기에 나옵니다. 결국 예수는 그때 놋뱀이 들렸듯이 자신도 십자가에 달려 죽어야 한다고 말한 것입니다.

그런 후에 "그를 믿는 자는 누구나…"라고 말하는데요. 생각해 보십시오. 뱀에 물려 죽어 가는데 장대에 매달린 놋뱀을 쳐다보면 낫는다는 말을 당신이 들었다면 믿었을까요? 빨리 의사를 만나야죠. 예수가 십자가에서 죽은 사건도 이렇듯 이상한 이야기입니다. 그런데 그 사실을 믿으면 영원한 생명을 얻는다고 말합니다.

영원한 생명을 얻는다는 것은 결국 다시 태어난다는 말입니다. 이처럼 예수는 내면세계가 어떻게 변할 수 있는지를 알려 줍니다. 그리고 이 일은 성령이 하시기 때문에 모든 과정이 매우 신비하다면서 대화를 마칩니다.

아무렇지 않은 척 폼 잡으며 살지만 …

이제 '다시 태어나다'가 무슨 뜻인지 자세히 알아봅시다. 다시 태어나는 첫 단계는 '자신의 문제를 정직하게 인정하는 것'입니다. 외면만 보면 우리는 별문제가 없어 보입니다. 외면은 늘 멀쩡하고 아무렇지 않습니다. 그러나 내면세계는 그렇지 않습니다. 젊고 건강한 분은 아직 잘 모르겠지만, 육체가 늙으면 자신감이 없어집니다. 제가 그동안 운동을 열심히 해 왔는데, 서른다섯 살 지나면서는 더 이상 몸이 따라주지 않는다는 느낌을 받습니다.

또한, 우리는 초연하게 살고 싶지만 열등감과 우울감으로 괴로운 때가 많습니다. 자신이 무가치하고 무의미하게 느껴질 때도 적지 않습니다. 자족하고 싶지만, 홀로 만족하고 싶지만, 우리 안에는 외로움이 참 많습니다. 혼자 있는 것을 싫어하고 못견뎌 합니다. 내면세계가 비어 있기 때문입니다. 신앙생활을 하는 것도 마찬가지입니다.

우리는 또한 진실하게 살고 싶지만 실제로는 크고 작은 거짓말을 자주 합니다. 우리는 거짓말을 반복하면서 스스로를 속일 수도 있는 존재입니다. 거짓말로 스스로를 세뇌시키는 능력을 가진 거죠. 그렇게 되면 사람들은 그 거짓말이 잘못되지 않았다고 믿습니다.

관계 측면에서도 한번 봅시다. 내면에 열등감과 우울함, 외로움과 거짓이 있기 때문에 우리는 관계를 맺으면서 고통을 겪습니다. 신문 기사에 패륜적 인물이 나오면 우리는 질타합니다. 하지만 그들을 직접 만나

자족하고 싶지만,
홀로 만족하고 싶지만,
우리 안에는
외로움이 참 많습니다.

만남의 순간, 넷_ 껍데기만 남은 종교 생활에 길을 잃은 당신을 만난다

보면 그렇게 흉악해질 수밖에 없는 환경이 눈에 들어옵니다. 처음부터 그런 사람들은 아니었죠. 누군가에게 상처 받고 다치면서 그렇게 변한 것입니다. 사랑하고 사랑받아야 할 관계가 깨지자 오히려 그들을 괴물로 만들어내는 원천이 됩니다.

어쩌면 지금 책을 읽고 당신도 이런 문제로 고통을 겪는지 모릅니다. 정당하게 사랑과 보호와 지원을 받아야 할 부모에게서 오히려 쓰라린 고통을 경험하고, 성인이 되고 나서도 그 고통을 짊어지고 사는 사람도 있습니다. 우리는 내면에 이런 고통을 품고도 아무렇지 않은 척 삽니다. 새로 나온 기기들로 치장하고 아무렇지 않은 듯 폼을 잡으며 다니죠. 휴대폰도 바꾸고 옷도 하고 머리도 바꾸면서 말입니다.

우리가 살고 있는 깨진 세상

우리 사회나 세계로 시각을 넓혀 봐도 마찬가지입니다. 혹시 왕따에 대해 아십니까? 어쩌다가 우리 아이들이 다른 사람을 골리고 괴롭히는 일에서 가학적 즐거움을 느끼게 된 걸까요. 어떻게 타인을 괴롭히는 일에 동조하면서 즐거워하는 걸까요. 정말 안타깝습니다. 하지만 이것이 우리가 사는 세상이고, 그로 인해 수많은 사람이 고통을 받습니다. 이런 이유 때문에 아이를 낳으면 해외로 나가 살아야겠다는 분도 있습니다. 그런데 해외에서는 이러지 않을까요? 해외에서는 왕따가 아닌 다

우리가 사는 세상은 사실
두 개의 세계로 이루어져 있습니다.

른 것들로 괴로울 것입니다. 실제로 더 낫지 않을까 싶어 해외로 가신 분 중에 더 큰 피해를 보신 분들도 많습니다.

그뿐 아니라 국제 정세를 한번 보십시오. 일본은 점점 우경화하면서 군사 강대국이 되어가고 있습니다. 중국은 동북공정이라는 역사 왜곡을 강행하며 동북아 패권을 장악하려는 움직임을 보입니다. 미국은 원래 쥐고 있던 패권을 놓치지 않기 위해 여러 국제 안건을 자신에게 유리한 쪽으로 끌고 가려는 모습을 보입니다. 우리는 이 모든 것을 보고 있습니다. 한반도라는 작은 땅의 주변 강대국들이 자신의 입지를 강화하려는 모습들이 적나라하게 매일 업데이트되고 있습니다. 이런 현실이 보고 싶지 않아 주말에 개그 프로그램을 보면서 잊으려 합니다. 그러나 만약 이 정세의 균형이 깨지면 우리 모두가 피해를 입을 것입니다. 이것이 우리가 살고 있는 깨진 세상이고, 깨진 내면을 지닌 사람들이 만들어낸 세계입니다.

결국, 이런 삶의 종말, 즉 우리가 직면해야 하는 미래는 죽음입니다. 우리의 내면은 어떤 면에서는 이미 죽어가고 있습니다. 육체적으로도 점점 쇠하고 내면도 점점 공허해져 결국 죽음을 맛보게 됩니다. 근본 원인은 무엇일까요? 성경은 하나님을 떠났기 때문이라고 말합니다. 인간이 하나님을 떠났기 때문에 살아서도 죽음을 맛보고, 결국은 피할 수 없는 죽음을 경험한다고 이야기합니다. 하나님은 원래 자신과 관계를 맺도록 인간을 만드셨습니다. 하나님과 개인적인 관계를 누릴 때 우리의 정서가 안정되고 건강해지고 사회도 든든해지도록 만드셨는데, 중심인 하나님과의 관계가 깨어진 후부터 우리 내면세계는 공허해지기 시작했습니다.

정직하게 나를 바라보기

결국, 예수는 니고데모에게 "지금 당신의 상황은 이스라엘 백성이 불뱀에 물려 죽어가는 상황과 다를 바 없습니다. 당신은 기도도 하고 성경도 읽고 종교 활동도 많이 해서 겉으로는 멀쩡해 보이지만, 내면은 그렇지 않다는 것을 인정해야 합니다."라고 이야기하는 것입니다.

다시 태어난다는 것, 성령이 오셔서 우리를 다시 태어나게 하는 것은 정말 신비한 경험인데요. 여기에는 반드시 필요한 전제가 있습니다.

바로 자신의 현 상태를 직시하는 것입니다. 자신을 정직하게 봐야 합니다. 자기 내면세계를 솔직히 열어야 합니다.

  자신의 내면을 돌아봤는데 문제가 없다면 하나님을 믿을 필요가 없습니다. 하나님 없이도 잘 살 수 있는 분들입니다. 문제는 우리가 자신의 어려움을 직시하기가 대단히 어렵다는 점입니다. 문제가 실제로 드러나기 전까지는 말이죠. 우리는 많은 문제를 갖고 있습니다. 근원적 문제들도 있고요. 그런데 문제가 있어도 그럭저럭 잘 해결해 냅니다. 다른 사람들도 그렇게 사는 것 같죠. 그래서 내면에 외로움, 공허함, 답답함, 깨어짐, 헝클어짐이 있어도, "어차피 사는 게 다 이렇지 뭐. 다른 사람은 안 그런가? 오늘 밤엔 영화나 한 편, 술이나 한잔 하지 뭐." 이러면서 내면이 끝없이 외치는 "넌 껍질만 번지르르하잖아!"라는 목소리를 외면합니다.

  죄송스런 말씀이지만, 살아갈 날이 얼마 남았는지 아는 사람은 아무도 없습니다. 그런데 어떤가요? "재수 없게 그런 소리 하지 마세요!" 이럽니다. "죽은 다음에 어떻게 될지는 모르니까, 지금 삶에 충실할게요."라고 말합니다. 죽은 다음에는 무(無)가 된다고 믿습니다. 굉장한 믿음입니다. 제가 그분들을 조롱하는 것이 아니라, 정말 강한 믿음입니다. 우리는 죽음 뒤에 무슨 일이 기다리는지 모른 채 현재 삶에 최선을 다합니다. 죽음 이후의 문제는 생각하려 들지 않습니다.

  그러나 성경은 죽은 다음에는 하나님과 완전히 분리된다고 경고하면서 이를 심각하게 다룹니다. 반대로 우리는 그 사실을 직시하려 들지 않죠. 그러다가 사랑하는 사람이라도 세상을 뜨면 그제야 죽음을 직시합니다. 이런 일이 없는 한 웬만하면 직시하지 않고 그냥 넘어가려 합니다. 그럭저럭 인생을 잘 살아가는 사람일수록, 정직하게 자기 인생을 바라보기 힘듭니다. 차라리 어려움에 빠진 사람들이 어떤 면에서는 자신을 직시하기가 쉽습니다. 자신을 포장하고 위장하던 부분들이 부서졌기 때문에 자신을 보기가 쉬운 거죠.

성공하고 있을 때, 그럭저럭 잘 해내고 있을 때는 자신을 보지 못합니다. 자신의 상황이 심각한 줄 모르는 사람은 하나님이 자신을 고친다는 말도 상징 정도로 치부합니다. 있어도 좋고 없어도 살 만하고, 신앙 생활하면 좀 고상해지는 것이고, 그 정도면 됐다고 생각합니다.

너무나 이상한 이야기

그런 분께 제가 분명히 말씀드립니다. 다시 태어나실 수 없습니다. 다시 태어나는 경험을 할 수 없습니다. 우리가 죽어가고 있으며 결국 죽을 수밖에 없는 존재임을 절감하고 직시할 때라야 다시 태어나는 두 번째 단계로 들어갈 수 있습니다.

두 번째 단계는 '치료하시는 하나님을 받아들이는 것'입니다. 인간은 인간됨의 중심축인 하나님을 떠났습니다. 그러면 인간은 당연히 인간됨을 상실하고 망가져서 외로움 가운데 살아갈 수밖에 없습니다. 이것

성공하고 있을 때, 그럭저럭
잘 해내고 있을 때는
자신을 보지 못합니다.

이 바로 하나님의 정의입니다. 우주를 다스리시는 원리입니다. 인간은 고통과 혼란 가운데서 살다가 결국 죽을 수밖에 없습니다.

만약 하나님이 정의에만 입각해 움직이면 우리는 살아남을 수 없습니다. 우리는 하나님을 무시하고 모욕한 존재이기 때문입니다. 그러나 놀랍게도 하나님은 정의의 하나님이자 동시에 사랑의 하나님입니다. 하나님을 떠나 죄를 지은 우리 모두를 자녀로 삼으려고 대가를 기꺼이 지불했습니다. 그 값으로 우리 생명 대신 자신의 사랑하는 아들을 죽음에 내어줬습니다. 그것이 바로 예수 그리스도의 십자가 사건입니다.

예수는 니고데모에게 "모세가 이스라엘 백성들을 살리려 놋뱀을 들었듯이, 나도 죽어가는 당신을 살리려면 십자가에 못 박혀 죽어야 합니다."라고 말합니다. 성경은 너무 이상한 책입니다. 다른 종교들의 경전은 선하게 살면서 자비를 베풀라고 말하는데, 성경은 여기에 더해서 인간이 죽어야 할 자리를 하나님이 대신 감당했다고 합니다. 굉장히 특이한 점입니다. 자격 없는 우리를 위해 하나님이 대신 죽으셨다는 것입니다. 여기서 우리는 하나님의 사랑을 봅니다. 우리가 이런 사랑을 받을 자격이 있을까요?

이어서 예수는 니고데모에게 "그 아들을 믿는 사람은 잊히거나 버려지지 않고 모두가 빠짐없이 영원한 생명을 얻습니다."라고 말하는데, 바로 하나님의 치료책입니다. 예수가 우리를 위해 십자가에서 죽었다는 사실을 믿는 사람들은 영생을 얻는다는 말입니다. 영생은 하나님이 주시는 생명이며, 하나님 나라에 들어가는 자들이 얻습니다. 이것을 주겠다고 약속합니다. 믿기만 하면 말입니다.

어떤 분은 이렇게 반문합니다. "그건 불공평한데요. 나는 열심히 정말 착하게 살았는데, 그 시간은 아무 의미가 없고 그냥 믿기만 하면 영생을 얻는다고요? 이상하네요." 이런 분은 내면에서 벌어지는 처절한 상황을 잘 몰라서 그럴 수 있습니다. 이런 분에게 예수의 십자가 사건은 당연히 너무 이상한 이야기입니다. "믿기만 하면 된다고? 그러면 나쁜 짓 하다가 죽기 전에 예수 믿으면 천당 간다는 말인가요? 예수랑 나란히 십자가에 달렸던 강도처럼?" 그러나 겉으로는 반듯하고 선하지만 내면은 슬픔과 외로움과 공허로 뒤덮여 있다는 것을 아는 사람에게는 믿음으로 구원 받는다는 말이 얼마나 기쁜 소식인지 모릅니다. 물론 자신에게 문제가 없다고 믿는 사람에게는 이 기쁜 소식이 정말 이상한 소식입니다. 심지어 불공평하게 들립니다.

하나님의 진리와 우리의 진심이 만나면

그러면 "하나님이 자기 아들을 세상에 보내신 이유는 세상에 형벌을 주기 위해서가 아니라 그 아들을 통해 세상을 구하기 위해서입니다."라는 말씀과, "그 아들을 믿는 사람은 누구든 심판을 받지 않습니다. 그러나 믿지 않으려는 사람은 이미 유죄 판결을 받았습니다. 그는 하나님의 외아들이 맡은 역할을 믿지 않으려 하기 때문입니다."라는 말

믿음으로 구원 받는다는 말이
얼마나 기쁜 소식인지 모릅니다.

씀은 무슨 이야기일까요? 사람들은 이미 유죄 판결을 받았습니다. 하나님을 떠났기 때문에 이미 죽음 가운데 있고 결국은 죽음에 이릅니다. 그러고는 하나님 앞에 서겠죠. 불뱀에 물려 죽은 이스라엘 백성처럼 그냥 두면 죽을 수밖에 없는 존재입니다. 하나님이 예수를 보낸 이유는 구원을 이루기 위해서입니다. 이것이 바로 하나님의 치료책입니다.

  이 치료책을 받아들이려면 무엇이 필요할까요? 진리와 진심입니다. 진리는 하나님 쪽 이야기입니다. 하나님 없이 살면 우리는 점점 소멸해

갈 수밖에 없습니다. 이 사실이 진리로 여겨지면 다시 태어날 가능성이 굉장히 높습니다. 하나님께서 우리를 위해 대신 돌아가셨다는 것, 이 것이 진리입니다. 그분을 믿으면 성령이 우리가 알지 못하는 신비한 방법으로 우리를 다시 태어나게 하시고 우리 속에 새로운 생명을 주신다는 것, 이것이 하나님이 이야기하신 진리입니다.

그 진리를 우리가 "네, 그렇습니다."하고 진심으로 받아들이면 성령이 오셔서 신비하게 일을 시작하십니다. 이때부터 우리 내면에 변화가 일어나고 성령과 함께 보조를 맞추는 삶이 시작됩니다.

아들과 딸로 살아가는 것

왜 많은 사람이 종교 생활을 하면서도 내면은 비어 있을까요? 두 가지 이유가 있습니다. 첫째는 아직 다시 태어나지 않아서입니다. 자신의 영적 상태가 얼마나 빈곤하고 아슬아슬하고 처절한지 모르기 때문에 예수가 나를 위해 죽었다는 이야기가 아직 기쁜 소식이 아닙니다. 그래도 좋고 안 그래도 상관없다고 생각합니다.

두 번째는 다시 태어났음에도 불구하고 우리 내면에 오셔서 삶을 이끌어 가시는 성령에 대해 무관심하기 때문입니다. 기독교는 종교 생활 하는 곳이 아닙니다. 하나님의 아들 노릇, 딸 노릇 하는 것을 배우는 것이 기독교입니다. 이것은 상징과 비유가 아닙니다. 성경은 하나님이 우리를 자녀로 삼으셨다고 말합니다. 우리가 정말 하나님의 딸이고 아들이라고 합니다. 그래서 이 땅에서 하나님의 아들과 딸로 살아가는 것입니다. 그것을 배우는 것입니다. 이것이 성경이 말하는 다시 태어난 삶입니다. 이것이 없으면 기독교는 형식이고 종교이며 제도입니다. 일요일마다 교회는 갑니다. 십일조도 하고 기도도 하고 성경도 읽습니다. 그러나 내 속에 계신 성령과 함께 인생길을 걷지는 않습니다. 성령을 그저 개념으로만 여깁니다. 아닙니다. 우리 안에서 실제로 살아 움직이시는 분이 바로 성령입니다.

내게 의미있는 삶을 주기 원하는 그분

하나님은 당신을 만나고 싶어 합니다. 예수가 당신을 바랍니다. 직접

찾아갑니다. 사마리아 여인처럼 숨겨진 외로움 속에서 살아가는 사람들에게 찾아갑니다. "내가 당신의 영원한 친구입니다. 내가 당신에게 영원한 생수를, 목마르지 않을 수 있는 물을 주겠습니다." 니고데모의 마음 문도 두드립니다. "내가 당신을 다시 태어나게 할 수 있습니다. 하나님의 영이 당신 속에 들어가 새로운 삶을 살도록 이끌 것입니다."

   사마리아 여인과 니고데모와 관련된 찬양을 들으면서, 우리를 찾아온 예수를 묵상해 보면 좋겠습니다.

> 내가 모든 것 다 쥐고 있을 때에
> 나의 마음엔 진정 만족 없었네
> 눈에 보이는 것은 부족함이 없지만
> 나의 마음은 항상 공허했네

성경 속에서 나를 보았네
언제나 목말라 우물가에 있는 나
나와 같은 지친 모습으로
주님은 나를 찾아오셨네

주를 만났네 주를 만났네
주를 만났네 … 나의 주님

어릴 때부터 하나님을 알고
주님을 믿는다 생각해 왔었네
많은 가르침 지켜 봤지만
나의 마음은 항상 답답했네

성경 속에서 나를 보았네
캄캄한 밤에 주를 찾아간 나
육에서 영으로 거듭나야 함을
주님은 나에게 말씀하셨네

주를 만났네 주를 만났네
주를 만났네 … 나의 주님

성경 속에서 나를 보았네
캄캄한 밤에 주를 찾아간 나
… 주를 만났네

만남의 순간, 넷_ 껍데기만 남은 종교 생활에 길을 잃은 당신을 만난다 예배는 그저 순서에 따라 훑고 지나가는 것이 아닙니다. 우리를 찾아오신 하나님, 우리를 만나고 싶어 하는 그분을 만나는 것입니다. 내 상태를 인정하고 내 속의 문제를 직시하면서, 나를 찾아와 나를 구해내고는 내게 의미 있는 삶을 주기 원하는 주님을 만나는 것입니다. 그분을 받아들이는 것입니다. 그것이 예배입니다.

"당신이 오셔야 내가 삽니다"

예수를 만나고 나서 니고데모가 그 자리에서 바로 변한 것 같지는 않습니다. 그런데 예수가 십자가에서 죽을 때 니고데모가 다시 등장합니다. 그는 아리마대 요셉과 함께 예수의 장례를 치르려고 당시 살벌했던 분위기에 아랑곳하지 않고 예수의 시신을 요구합니다. 생명을 내건 그 행동을 통해 예수를 만난 다음부터 예수가 죽기 전, 그 사이에 니고데모가 다시 태어났다고 추측할 수 있습니다. 죽음을 두려워하지 않고 예수의 시신을 찾았고 결국 부활한 예수를 만납니다.

예수가 당신을 찾아갑니다. 진지하게 하나님 앞에서 자신의 내면을 비춰보십시오. 아직 한 번도 예수 앞에 나를 드리면서, "그렇습니다. 나는 죽어가고 있고, 당신이 오셔야 내가 삽니다."라는 고백을 해 본 적 없는 분도 계실 겁니다. 또 어떤 분은 "예수를 받아들이고 성령이 오셔서 나를 변화시켰지만, 그분께 민감하지 않았습니다. 그 이후에도 내 멋대로 살았습니다. 내 속에서 말씀하시고, 내가 힘들고 괴로울 때 같이 우시고, 내게 힘 주셔서 이 길을 꿋꿋이 걸어가게 하시는 성령에게 나 자신을 다시 드리겠습니다."라는 마음이 들 수도 있습니다.

하나님은 우리가 다시 태어나길 바라십니다. 하늘에서 오는 영원한 생명, 새로운 영으로 우리를 변화시키고 싶어 합니다. 이 일은 우리가 진실하게 자신 앞에 설 때 가능합니다. 우리 안에 생명이 없음을 발견하고 죽어가고 있다는 사실을 절감할 때, 하나님만이 우리를 회복시킬 수 있다고 믿을 때, 그때야 비로소 성령이 사람마다 다양한 방법으로 신비하게 찾아와 일하기 시작합니다.

그때부터 우리는 껍질만이 아닌 온전한 신앙 생활을 하게 됩니다. 그때부터 기도와 예배를 누리게 됩니다. 성경 말씀을 통해 하나님을 알아가는 즐거움을 알기 시작합니다. 성령과의 동행이 무엇인지 알게 되고, 삶의 의미가 점점 분명해지며, 헝클어졌던 인생의 많은 부분이 조금씩 정리되기 시작합니다.

이 모든 것이 다시 태어나는 것에서 시작됩니다. 자신의 진실한 모습을 직시하고, 하나님의 사랑의 해결책을 기꺼이 받아들여서 다시 태어남을 누리십시오. 그다음에 당신 가운데 성령이 오시면 그와 동행할 수 있기를 기도합니다.

'내가 누구지? 내 가치는 도대체 뭘까?
어떻게 살아야 할까?'
"이렇게 사는 게 전부는 아닌 것 같은데… 지쳐만 가네요."
"쳇바퀴 도는 일상이 풍성하고 황홀한 삶으로?
음… 그게 말이 되나요?"

5
만남의 순간, 다섯
베드로

―――――

아무 의미 없이
바쁘고 피곤한
당신을 만난다

두 조각가, 조지 시걸과 듀안 핸슨

조지 시걸과 듀안 핸슨의 작품 주제는 일상을 살아가는 사람들입니다. 특히 현대라는 낯선 시대, 그것도 도시라는 불안한 공간에서 자신들의 삶을 꾸려가는 사람들입니다. 이 두 조각가는 라이프캐스팅, 그러니까 실제로 사람의 본을 떠서 조각을 만든다는 점에서도 서로 닮아 있습니다.

〈러시아워〉, 조지 시걸, 1983

사람들은 더 이상 서로를 쳐다보지 않는다

퇴근길일까요? 어쩌면 출근길일지도 모르겠습니다. 그들의 시선은 하나같이 땅에 떨어져 있습니다. 그들 모두는 이미 지쳐있는 것 같군요. 열심히 앞으로 걸어가지만 정작 앞날에 대한 기대감 같은 것은 너무나 희미해 보입니다. 여럿이 동행할 때 역설적이게도 상황은 더욱 나빠지는 듯 합니다.

사람들은 더 이상 서로를 쳐다보지 않습니다. 동일한 방향은 그들을 동료로 만들기보다는 경쟁자로 만듭니다. 서로 마주하는 경우에도, 서로를 향해 친밀하게 웃는 일은 점점 더 드문 일이 되어가고 있습니다. 때론 대화조차 구실에 지나지 않는 경우가 많죠. 사실은 자신을 보호하기 위해 안달이 나는 것뿐이죠. 주로 은근한 말투로 수군거리고, 탐탁지 않은 이웃을 비방하거나 빈정거리기 일쑤입니다. 오늘날 대도시에 산다는 것은 그 자체로 너무나 불쾌한 일이 되어버렸습니다.

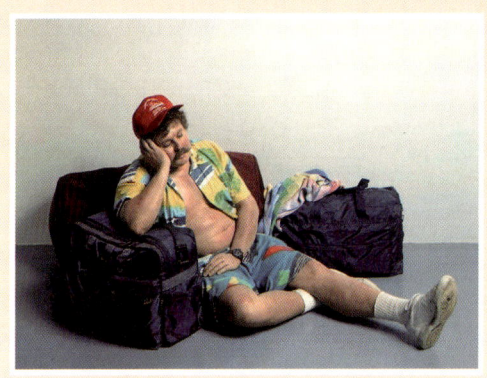

〈여행자〉, 듀안 핸슨, 1988

아무것도 기대되지 않는 하루

생의 환희가 일체 제거된 듯한 조지 시걸의 인물들에 비하면, 듀안 핸슨의 인물들은 훨씬 더 실제에 가깝습니다. 핸슨의 인물들에게 당면한 문제는 삶이 재미없다는 사실입니다. 이들에게 주어진 과제는 '주어진 시간을 어떻게 쓸 것인가?, 즉 일상의 권태를 어떻게 달랠 것인가?'입니다.

어디로든 훌쩍 떠나거나 다리가 붓도록 실컷 백화점이라도 돌아다니지 않으면, 정말이지 즐거울 게 없는 도시의 일상입니다. 텔레비전 속 멋진 일상과 달리 보편적 일상은 비교할 수 없이 비루합니다. 건강과 몸매는 값싸고 달짝지근한 패스트푸드로 망가져 갑니다. 아침에 눈을 뜨면 아무것도 기대되지 않는 하루가 시작되고, 저녁에는 아무 소출도 내지 못한 죄책감으로 편안하게 잠을 청하지 못합니다. 현대인에게 있어 일상은 바로 탈출해야 할 감옥과도 같습니다.

듀안 핸슨과 조지 시걸의 조각들은 피곤과 권태에 쫓기는 우리 모습을 너무나 사실적으로 표현합니다. 특히 〈러시아워〉라는 작품을 처음 봤을 때 퇴근길인가 싶었습니다. 가만 보니 출근길이더군요. 표정만 봐서는 지쳐 있고 아무런 소망이 없어서 퇴근길이라고 생각했는데, '러시아워'에 떼 지어 걸어가는 출근길이었습니다. 퇴근길보다 어두운 그들의 얼굴에 요즘 우리 모습이 비칩니다. 아침에 나서면서 '오늘은 새로운 일이 있겠지', '오늘도 신나는 일이 있을 거야', '멋진 하루가 기다리고 있을 거야.'라는 마음으로 출근한 지가 까마득한 우리를 보는 것 같습니다.

만남의 순간, 다섯_ 아무 의미 없이 바쁘고 피곤한 당신을 만난다

지칠 대로 지친 일상 속의 당신

　　　　　조각의 주인공들이 무슨 노래를 부를지 생각해 봤습니다. 미국인들이라 미국 노래를 불렀겠지만, 만약 저들이 한국인이었다면 무슨 노래를 부를까요? 젊은 나이에 죽은 김광석이라는 가수를 아십니까? 그 가수가 불렀던 노래 중에 〈서른 즈음에〉가 있습니다. 가사는 이렇습니다.

또 하루가 멀어져 간다
내뿜은 담배 연기처럼
작기만 한 내 기억 속에

무얼 채워 살고 있는지

점점 더 멀어져 간다
머물러 있는 청춘인 줄 알았는데
비어가는 내 가슴속엔
더 아무것도 찾을 수 없네

청춘으로 머무를 줄 알았는데 정신없이 살다 보니 속은 비어있고 서른도 넘어간다고 노래합니다. 서른이 부르기에 약간 조숙한 노래인 듯도 싶지만, 많은 사람이 그맘때 느끼는 감정인 것 같습니다. 〈내 나이 마흔 살에는〉이라는 양희은의 노래도 있습니다.

봄이 지나도 다시 봄
여름 지나도 또 여름
빨리 어른이 됐으면
난 바랐지 어린 날에

나의 열아홉 그 봄에
세상은 내게 두려움
흔들릴 때면 손잡아 줄
그 누군가 있었으면

정신없이 살다보니
속은 비어있고
서른도 넘어간다고
노래합니다.

서른이 되고 싶었지 정말

날개 달고 날고 싶어

이 힘겨운 하루하루를

어떻게 이겨나갈까

무섭기만 했었지

가을 지나면 어느새

겨울 지나고 다시 가을

날아만 가는 세월이 야속해

붙잡고 싶었지

내 나이 마흔 살에는

빨리 서른이 되고 싶었는데 이제 서른도 다 지나 마흔이 돼버렸다고 노래합니다. 어쩌면 우리는 뻔한 삶이 우리를 기다리는 줄 알면서도 '그렇지 않을 거야.'라며 스스로를 타이르고 위로하면서, 바쁘고 지치는 일상을 견디는지도 모릅니다.

지치고 지치니 또 지친다

앞서 보았던 조각의 주인공들도 이런 노래를 부르면서 하루하루를

견뎠는지 모릅니다. 우리 역시 일상생활에 지쳐가고 있다는 느낌을 지울 수가 없습니다. 주일 아침에 많은 분이 지친 상태를 다 회복하지 못하고 교회에 나온다는 인상을 자주 받습니다. 지친 상태가 회복되지 않으면 아예 못 나오시고요. 직장인들은 사는 게 너무 힘듭니다. 일주일 내내 엄청난 경쟁사회 속에서 살아갑니다. 아래에서 치고 올라오고, 위에서는 눈치를 줍니다. 무능하다는 소리가 여기저기서 들리는 것 같고, 영어공부를 해서라도 실력을 올려놔야 할 것 같고, 하는 일은 늘 제자리걸음이고, '이렇게 해도 될까?' 하는 생각이 듭니다. 특히 여성들은 한국사회에 만연한 성차별을 겪으면서, 그 속에서 살아남으려 조금 더 악다구니를 부려야 합니다.

전업주부들은 다를까요? 절대 그렇지 않습니다. 충분히 교육을 받았지만 나이가 들수록 '내가 이렇게 살아도 되나?' 싶어서 고민하는 분들이 많습니다. 여성 중에 5%만이 가정주부가 되겠다고 합니다. 가정주부의 삶은 별 의미가 없어 보이니 하지 않겠다는 것이죠. 결혼을 가능한 늦추고, 결혼하더라도 계속 일하겠다는 것입니다.

가정에 매인 삶, 매일 똑같이 반복되는 일상에서 어려움을 겪는 분들이 많습니다. 예전 남편들은 집에서 턱으로 말을 했다죠? 요즘 그런 간 큰 남편은 줄어든 것 같습니다. 하지만 여전히 여성들은 집안에서 비슷한 느낌을 받지 않나요?

재밌는 결과가 있습니다. 남자 대학생에게 물었습니다. 가사를 분담할 의향이 있는지 말입니다. 이에 대해 90% 이상이 있다고 했습니다.

그래서 그들에게 가사와 관련된 100가지 일을 보여주면서 무엇을 하겠느냐고 물었습니다. 대개는 "그때그때 달라요."라고 답했습니다. 한국 남성들이 많이 변하고는 있지만, 아직 이렇습니다. 100가지 집안일에 주부는 주부대로 지쳐가고, 또 밖에서 일하는 사람은 그들대로 지쳐갑니다. 그렇게 우리는 살고 있습니다.

더 많은 장난감을 갖는 것이 행복일까요?

정말 의미가 있고 생명이 충만한 삶이라면 피곤하더라도 힘이 날 텐데 점점 지쳐갑니다. 의미와 생명이 충만해지기는커녕 점점 희미해지면서 힘이 빠지고 대신 권태로움이 자라납니다. 그래서 우리는 자극을 원합니다.

처음 보여드렸던 조각에서 여행을 떠나는 사람의 표정을 기억하시나요? 바로 잠들어도 이상할 것 같지 않은 피곤한 얼굴을 하고도 여행을 떠나는 모습입니다. 권태로움을 벗어나려고 무언가를 해야 하는 오늘날 우리 모습입니다.

돈이 있는 사람들은 여행이나 쇼핑처럼 돈으로 권태로운 삶을 극복하려 시도합니다. 자신의 영혼을 보살필 수 있는 여러 상품을 삽니다. '옛날에는 영혼을 위해 면죄부를 샀지만, 이제는 우리 영혼을 위해 쇼핑을 한다'는 짧은 표현이 정말 폐부를 찌릅니다. 하지만 돈 많은 사람

돈이 있는 사람들은 여행이나 쇼핑처럼
돈으로 권태로운 삶을 극복하려 시도합니다.

들의 불행이 무엇인지 아십니까? 다른 사람들보다 좀 더 많은 장난감을 가진다는 것입니다. 많은 돈이 결코 행복을 가져다줄 수 없습니다. 물론 돈은 좀 더 많은 장난감을 살 수 있는 기회를 줍니다. 지치고 외롭고 무의미하고 생명이 없는 삶은 똑같지만, 잠깐 속을 수 있게 도와주는 장난감을 좀 더 많이 소유할 수 있습니다.

이런 삶과 반복되는 일 속에서 사람들은 점점 오그라듭니다. '나는 누구인가. 내 가치는 도대체 무엇인가. 어떻게 살아야 하는가? 어떻게 기억되길 원하는가? 자녀와 후손들에게는 어떤 유산을 남길 수 있을까?'를 생각하면 멍해집니다. 일상에 갇혀 살아가는 우리 모습입니다.

밤새 허탕 친 베드로

성경에서도 이런 사람들을 만날 수 있는데, 그중 하나가 베드로입니다. 베드로도 일상에 지친 사람입니다. 성경에 기록된 그의 모습입니다.

어느 날 예수께서 게네사렛 호숫가에 서 계실 때 사람들이 하나님의 말씀을 들으려고 가까이 모여들었다. 예수께서는 그물을 씻는 어부들이 호숫가에 댄 배 두 척을 보셨다. 한 척은 시몬의 배였다. 예수께서 시몬의 배에 올라타서 그에게 배를 호숫가에서 조금 밀어내 달라고 청하셨다. 그런 다음 배에 앉아서 무리를 계속 가르치셨다.
예수께서는 말씀을 마치고 시몬에게 "이제 깊은 바다로 나가서 그물을 내려 물고기를 잡게!"라고 말씀하셨다.
시몬이 대답했다. "선생님! 우리가 밤새도록 일했지만 한 마리도 잡지 못했습니다. 그러나 선생님께서 그렇게 말씀하시니 제가 그물을 내리겠습니다." 그러고는 그들이 그렇게 하자 어마어마한 고기 떼를 잡았다. 고기가 너무 많아서 그물이 찢어지기 시작했다. 그래서 그들은 다른 배에 있는 동료들에게 와서 도와 달라고 손짓을 했다. 그들이 와서 배 두 척이 가라앉을 정도로 물고기를 가득 채웠다. 시몬 베드로가 이를 보고 예수의 무릎 앞에 엎드려 말했다.
"주님, 제게서 떠나 주십시오. 저는 죄인에 불과합니다!"
그와 동료들(세베대의 아들 야고보와 요한)은 그들이 잡은 엄청난 물고기를 보고 깜짝 놀랐다.

예수께서 시몬에게 말씀하셨다. "시몬, 두려워하지 말게. 이제부터 그대는 사람을 낚을 것이네."

그래서 그들은 배를 호숫가로 끌어온 다음, 모든 것을 내버려 두고 예수를 따라갔다.

여기 묘사된 베드로는, 우리가 1세기에 살았다면 딱 이러지 않았을까 하는 모습으로 등장합니다. 베드로는 일상에 지칠 대로 지친 상태입니다. 이때가 언제일까요? 많은 사람이 오후라고 생각하지만, '밤새도록 일했지만'이라는 구절로 유추해 보면 아침일 가능성이 높습니다. 밤새도록 고기를 잡으려 했지만 한 마리도 못 잡고 배를 돌려 나와야 했습니다. 낚시하다 보면 가끔 고기가 안 잡히는 날이 있죠. 낚시는 취미라서 그럴 수 있습니다. 고기를 많이 잡는 것이 목적이 아니니까요. 그러나 어부가 고기를 한 마리도 못 잡은 것은 그날 일을 공쳤다는 것입니다. 하루 벌어 하루 먹는 사람이라면 그날 먹을 게 아무것도 없는 상황이 발생한 것입니다.

나와 상관없는 예수

베드로가 호숫가에 배를 대고 그물을 씻고 있었던 것으로 보아 그 배

"선생님! 우리가 밤새도록 일했지만
한 마리도 잡지 못했습니다."

의 소유주일 가능성이 높습니다. 그물 역시 베드로 것이었겠죠. 그는 나름 재산도 있고 안정된 직업도 가진 사람으로 밤새 열심히 일했습니다. 이제 그물을 씻고 귀가할 준비를 하고 있습니다. 하루가 끝난 뒤 책상을 정리하고 퇴근 준비하는 우리와 느낌이 비슷하겠죠. 베드로의 마음은 어땠을까요? 밤새도록 일해서 몸은 천근만근인데, 얻은 것은 아무것도 없습니다. 그 상태로 그물을 씻고 있습니다.

퇴근길의 피로와 상실감, 그것들을 고스란히 안고 다시 출근 준비하는 사람들, 그들을 다 내보내고 홀로 앉은 주부들, 이들에게도 예수가 찾아갑니다. 같은 상태였던 베드로를 찾아갔듯이 말이죠. 그런데 예수와 베드로의 만남은 매우 간접적이고 또 우연처럼 보입니다.

예수는 게네사렛 호숫가에 서 있었고, 그 근처에서 베드로는 배를 대고 그물을 씻고 있었습니다. 별 상관없는 사람들처럼 보입니다. 예수는 주변에 모인 많은 사람을 향해 이야기하고 있었고, 베드로는 그물을 씻으면서 멀리서 들리는 그 이야기를 한쪽 귀로 듣고 있었겠죠. 꽤 거리가 있어 보입니다.

아마 베드로는 예수의 가르침을 흘려들으면서 '나하고는 관계없는 이야기야. 저기 모인 종교적인 사람들 몫이지. 오늘은 한 마리도 못 잡았네. 내일도 이러면 안 되는데?'라며 자기 걱정에 휩싸여 있었는지 모릅니다. 그 전날에도 고기를 잡지 못했다면 상심은 더했겠죠.

놀라운 일을 부르는 위대한 반응

저 멀리서 배에 있어 예수는 무리를 가르치고 있었습니다. 그런데 한 귀로 듣고 한 귀로 흘리고 있던 베드로에게 예수가 다가옵니다. 그리고 나서 "이제 깊은 바다로 나가서 그물을 내려 물고기를 잡게."라고 말합니다.

예수가 갑자기 베드로의 삶과 연결되는 이야기를 꺼냅니다. 하지만 그리 기쁜 소식은 아니었죠. 고기잡이를 다 마치고 그물을 씻고 있는데 다시 그물을 내리라니요. 게다가 물고기는 아침이나 낮에는 얕은 쪽으로 이동하고 밤이 되어야 깊은 쪽으로 들어갑니다. 어부였던 베드로는 이 사실을 잘 알았고, 지금은 밤일을 막 마친 아침입니다.

더군다나 전직 목수가 어부에게 이런 요구를 하고 있습니다. 제가 베드로였다면 "하던 설교나 마저 잘하세요!"라고 말하며 집으로 왔을 것입니다.

그런데 베드로는 이상한 대답을 합니다. "선생님! 우리가 밤새도록 일했지만 한 마리도 잡지 못했습니다. 그러나 선생님께서 그렇게 말씀하시니 제가 그물을 내리겠습니다." 베드로가 말하는 중간에 '그러나'를 넣고는 2-3초 정도 여운을 두지 않았을까요. 그 다음에 베드로의 위대한 반응이 뒤따릅니다. 그렇다고 그다지 큰 기대를 한 것 같지는 않습니다.

베드로는 자신이 말한 대로 움직였고, 이어서 놀라운 일이 벌어집니다. 기대를 뛰어넘는 엄청난 어획량, 동료들의 도움을 요청해야 할 만큼 어마어마한 양이었습니다.

이후 베드로는 "주님, 제게서 떠나 주십시오. 저는 죄인에 불과합니다!"라고 또 이상한 반응을 합니다. 저 같으면 "예수님, 우리 회사 하나같이 차립시다. 당신이 좌표 찍어주면 저는 그물을 내리겠습니다."라고 했을 텐데요.

우연을 가장한 만남이 시작됩니다

베드로의 눈은 이때 열렸습니다. 근처에서 종교적 설교를 하던 예수가 자기와 아무 상관 없는, 단지 위대한 스승인 줄 알았는데, 아니었습니다. 자기 인생을 끌어갈 수 있는 하나님이라는 사실을 발견한 거죠. 구약성경의 많은 인물이 하나님 앞에 서자 죄인이라고 고백했듯이, 종교 지식이 많지 않았던 베드로도 본능적으로 자신이 죄인이라고 고백합니다.

그때 예수는 베드로에게 "시몬, 두려워하지 말게. 이제부터 그대는 사람을 낚을 것이네."라고 말합니다. 베드로의 새로운 가능성을 활짝 열어젖힙니다. "지금까지는 고기 잡는 일을 했지만, 이제 나와 관계를 맺었으니 앞으로는 물고기가 아니라 사람을 거두는 일을 할 것이네."라며 새로운 비전을 제시합니다.

베드로의 위대함은 여기서 한 번 더 나타납니다. 대개는 "저는 아직 멀었습니다", "아직 당신이 누구인지 잘 모르는데요." 같은 변명을 늘어놓을 텐데, 베드로는 모든 것을 버려두고 예수를 좇기로 결단하고 움직입니다.

이 이야기를 통해 오늘도 예수는 우리를 찾아옵니다. 예수가 우리를 찾아오는 방식은 베드로 때와 비슷합니다. 니고데모나 사마리아 여인에게도 조금 다르지만 비슷하게, 우연을 가장해 찾아갔습니다. 아마 당신은 친구의 추천이나 감사한 일에 대한 보답, 결혼 전의 약속 같은 수많은 이유로 이 책을 집어 들었을 것입니다. 당신이 의도하지 않은 상황인 셈입니다. 우리가 지쳐있을 때, 이게 삶의 전부는 아닌 것 같다는 생각이 들 때 예수는 우리를 찾아와 새로운 삶으로 초대합니다.

유리컵에 갇힌 잠재력

우리를 초대한 예수는 베드로에게 그랬듯이 비로소 직접적으로 말하기 시작합니다. 베드로에게 건넸던 말을 우리에게 적용하면 어떤 말이 될까요? "너의 삶은 지쳐가면서 점점 오그라들라고 만든 것이 아니다. 생명 없이, 의미 없이 지쳐가라고 준 것이 아니다. 너란 존재는 굉장히 가치가 있다. 너만이 할 수 있는 일이 있다. 너는 내게 매우 귀하다." 이렇게 말하지 않았을까요?

이런 말을 들으면 대개는 "지금까지 해 봤는데, 교회도 다녀봤는데 별 볼 일 없더라고요. 뭐가 달라지겠어요?"라고 반응합니다. 자기 안의 가능성과 잠재력을 부정합니다. 어쩌면 그렇게 세뇌된 것인지도 모릅니다. 제가 오래전에 『광수 생각』이라는 만화를 보다가 모아둔 내용이 있는데요. 이렇습니다.

'벼룩, 요즘은 주변에서 보기 힘든 존재입니다. 벼룩은 60cm 이상 뛸 수 있습니다. 내 몸의 몇 십 배, 캬호! 이 벼룩을 30cm 높이의 유리컵 안에 가두면

"시몬, 두려워하지 말게.
이제부터 그대는 사람을 낚을 것이네."

벼룩은 유리컵 이쪽저쪽에 머리를 부딪치다가 나중에는 28cm 정도만 뛰게 됩니다. 그리고는 유리컵을 치워도 계속 그 높이로만 뜁니다.'

저는 이것이 오늘날 수많은 사람이 지닌 문제라고 생각합니다. 하나님이 당신을 세상에 내실 때는 한 사람 한 사람에게 고유한 가능성을 두셨습니다. 그러나 자라면서 일상에 치이고, 세상 욕심에 눈이 어두워지고, 주변의 말에 귀를 기울이면서 '나는 28cm밖에 못 뛰어!'라고 믿게 됐습니다. 더 노력해 봐야 안 된다고 이미 세뇌당해 버렸습니다. 인생은 다 그렇게 흘러가는 거라고 생각합니다. 그러나 주님은 말씀합니다. "60cm 정도는 충분히 뛸 수 있도록 만들었단다."

'어떻게 살아야 하는가'에 대한 답이 분명치 않을 때

예수가 베드로에게 바로 이어 건네는 말은 "네 삶의 새로운 비전을 보아라." 입니다. 당신은 어떤 비전이 있나요? 인간의 삶은 '내가 누구인가?', '나는 무엇을 하는가?'로 그 가치가 결정됩니다. 첫 질문에 그리스도인들은 '나는 하나님에게 사랑받는 존재입니다.'라고 분명히 답합니다. 그런데 두 번째 질문에는 대개 답을 명확하게 못합니다. '어떻게 살아야 하는가?'에 대한 답이 분명치 않습니다. 지금 살펴보고 있는 베드로의 이야기에 비추어 "신학교에 가라는 말인가요?"라고 질문하는 분도 있습니다. 그렇게 되면 곤란합니다.

　주님은 어떤 사람은 목사로, 또 어떤 사람은 직장인으로 모두 다르게 부릅니다. 예수가 어부인 베드로를 부르는 장면에서 예수의 섬세함이 돋보입니다. 베드로에게 "그대는 위대한 전도자가 될 것이네."라고 하지 않고, 어부의 삶을 존중해 "그대는 사람을 낚을 것이네."라고 말합니다. 어부에게는 침착성과 인내심이 대단히 중요합니다. 아무 데나 그물을 내려서도 안 되고, 조류나 주변 정황을 잘 살펴야 합니다. 혼자 일하기보다 여러 사람과 같이 일해야 합니다. 어부로 살면서 습득했던 여러 자질이 예수를 만난 후, 모조리 사용되었을 가능성이 높습니다.

　이처럼 예수는 "그대가 지금까지 해온 일도 충분히 가치가 있다."라고 말합니다. 그간의 삶의 여정과 아무 연관 없는 자리로 부르지 않습니다. 많은 이들이 현재 하는 일에서 하나님의 뜻을 발견하지 못합니다. 우리 삶은 피곤합니다. 목사도 마찬가지입니다. 바울을 봐도 그렇고, 심지어 예수의 삶도 모질고 피곤했습니다. 그러나 삶에서 비전을 발견한 사람, 왜 이 일을 해야 하는지를 발견한 사람은 피곤과 절망을 이겨냅니다. 밥벌이 정도로만 생각하면 피곤할 수밖에 없습니다.

　하나님은 회사원, 교사, 자영업자, 가정주부, 노동자로 살아온 인생에 무언가를 더해서 그 일을 다른 각도에서 볼 수 있도록 만드십니다. 시야를 넓혀 주십니다. 특히 젊은이는 그 귀한 청춘을 불사르고 생명을 다해 할 수 있는 일을 찾아야 하는 때입니다. 그런데 베드로처럼 나이가 들었다면 어떨까요? 전혀 늦지 않았습니다.

하나님은 그동안의 인생을 통해
하나님이 무엇을 원하시는지를 보여주셨습니다.
그것을 알아채지 못하면 삶은 지치고 피곤할 수밖에 없습니다.
대개는 성공에 매여 나이 들 때까지
그 길이 옳은 줄 알고 열심히 달립니다.
언뜻 보면 행복해 보이지만, 오히려 더 불행할지도 모릅니다.
차라리 베드로처럼 중간에 한 번 크게 무너지는 편이 더 유익할지 모릅니다.
세상의 장난감들에 파묻혀
자신의 내면을 제대로 돌아보지 못하는 사람은 불행합니다.

당신이 치열하게 살아온 삶의 현장에서
지금 제 이야기의 각론이 나오길 기대합니다.
일의 의미를 발견하길 기대합니다.

젊은이들에게
삶이 어때야 하는지를 보여주길 바랍니다.

재밌어진다, 황홀해진다

예수는 베드로에게 "너 혼자 그 비전을 찾아봐라."라고 하지 않았습니다. "나를 따라오라."고 합니다. 예수의 세 번째 말은 "내가 그대의 리더가 되겠다." 입니다. 예수는 비전을 보여줄 뿐만 아니라 그 비전을 성취해 가도록 더불어 걸어가는 분입니다.

일상에 지쳐, 지금 하는 일의 의미를 찾지 못하고 있다면 기도하십시오. 주님께서 당신 내면에 들려주는 이야기를 들을 수 있기를 바랍니다. "왜 내게 이 일을 시킵니까?"라고 기도로 물어보면 예수는 분명 당신을 가르칠 것입니다.

그를 신뢰하고 그와 함께하면, 지친 일상일지라도 새로운 기쁨과 생명과 비전에 사로잡힐 수 있습니다. 저도 마찬가지입니다. 목사로 살면 매 순간 기쁨과 생명을 누리고 살까요? 아니요, 저도 지치고 주저앉습니다. 제가 무슨 일을 해야 하는지 잊고, 돈이나 권력이나 명예에 집중하면 훨씬 더 지치고 무너질 것입니다. 반대로 하나님이 원하는 대로 살면, 내가 해야 하는 일에 집중하는 기쁨을 누리겠죠.

지치고 힘든 일상에서 스스로를 정직하게 돌아보고 예수에게 나아가는 사람을 예수는 가만히 두지 않습니다. 이름을 부르고 돕습니다. 그렇게 되면 삶이 재미있어집니다. 늙어가도 황홀합니다. 이것이 바로 "내가 풍성한 삶을 주겠다!"라고 한 예수의 약속입니다.

*그와 함께 하면, 지친 일상일지라도
새로운 기쁨과 생명과 비전에 사로잡힐 수 있습니다.*

상상할 수 없었던 삶

   우리는 어떻게 반응해야 할까요? 아직 하나님을 모르는 분이라면 작은 데서 시작해 보십시오. 다짜고짜 기독교에 귀의하겠다는 반응은 추천할 수도, 실제로 가능하지도 않습니다. 먼저, 예수를 향해 정직한 질문을 던지십시오. 예수를 만나기 전에 발견한 비전은 허상에 불과합니다. 스스로 만들어낸 비전이기 때문입니다. 세월이 지나면 드러납니다.

   만약 하나님을 이미 발견한 분이라면 삶의 여러 방면에서 주님을 발견하십시오. 한국 교회의 슬픈 현실은 그리스도인의 삶이 예수님을 만나면서 끝난다는 것입니다. 주님의 부르심이 삶의 현장에 적용되지 않고, 교회라는 테두리 안에 갇히는 경우가 많습니다. 예수를 따른다는 것은 내 일상에서, 내 인생을 통해 따르는 것입니다. 베드로가 위대한 결정을 내리고 예수를 따르자 그의 삶은 그가 상상하지 못했던 미지의 세계로 들어갑니다. 예수는 끝까지 성실하게 그의 리더가 되어줍니다. 그렇게 베드로는 우리에게 엄청난 유산을 남깁니다. 그의 삶은 기독교 역사에 꼭 필요했던 삶이었습니다.

예수의 초대에 "저는 아닙니다."라고 반응하지 마십시오. 예수는 당신을 베드로처럼 이끌어 내고 싶어 합니다. 이런 분이 바로 성경이 말하는 하나님입니다.

당신은 고유한 가치를 지니고 태어났습니다. 28cm만 뛰라고 만들어지지 않았습니다. 그 가치를 온전히 드러내며 살기 원한다면 예수를 따라나서는 것이 가장 좋은 방법입니다.

만약 다른 길이 있다면 한번 시도해 보십시오. 그리고 그것이 유효하다면 계속 그렇게 사셔도 좋습니다. 하지만 예수가 스스로 주장하듯 그가 진짜 하나님이고 우리 인생의 목자라면, 그를 따르는 삶보다 더 의미 있고 안전하고 가치 있는 길은 없을 것입니다. 우리 인생의 참된 리더인 예수를 만나 삶의 모든 것이 통합되는 기쁨을 발견하고 경험한 사람들이 예수의 제자들입니다. 그들 앞에는 베드로가 그러했듯이 놀라운 인생이 펼쳐집니다.

베드로가 위대한 결정을 내리고
예수를 따르자 그의 삶은 그가 상상하지 못했던
미지의 세계로 들어갑니다.

6
만남의 순간, 여섯
당신

———————

그리고 오늘도 당신을 만난다

지금 이 순간에도
예수는 당신을 찾아갑니다

　신기한 일입니다. 촌구석 출신 목수, 그것도 서른이 갓 넘은 청년 예수를 오늘날까지도 사람들이 인생의 멘토이자 리더(신앙으로 표현하면, '주님')로 고백하니 말입니다. 이천 년 전 사람들만 예수를 삶의 현장에서 만나고 인생이 변한 게 아닙니다. 이천 년이 지난 오늘날에도 예수가 자신의 삶을 변화시켰다는 이야기가 계속 들려옵니다. 따를 리더가 없었던 사람들이, 삶의 중심이 없었던 사람들이 인생의 리더와 중심을 그에게서 찾았습니다.

만남은 변화를 가져옵니다

　신기한 일입니다. 예수를 만났다는 사람들의 이야기를 잘 들어보면,

예수를 단지 상징이나 사상으로 말하지 않습니다. 어떤 사건이나 체험을 통해서 뭔가 말로 표현할 수 없는 종교적 각성을 한 것이 아니라, 예수가 자신들을 사랑하고 자신들도 그를 사랑한다고 고백합니다. 마치 지금도 그가 살아서 사람들을 만나고 있는 것 같습니다. 공허로 가득했던 삶에 예수로 말미암은 생명력이 스며들어갑니다.

신기한 일입니다. 예수를 만난 사람들은 그와 사랑을 주고받는 데서 머무르지 않고, 예수가 지금 하고 있는 일에 자신의 인생을 걸려 하고, 실제로 그렇게 살아갑니다. 그들은 좀처럼 극복하기 어려운, 자기만 생각하는 자기중심성을 벗어나 이웃을 위해 사는 법을 배웁니다. 눈앞에 보이는 것에만 매달렸는데, 이제는 눈에 보이지 않는 가치와 세계를 위해 살아갑니다. 받고 얻는 것으로 기뻐하던 사람들이 주고 나누며 기뻐하는 사람으로 변해갑니다.

당신에게도 일어날 수 있는 일

이 신기한 일이 당신에게도 일어날 수 있습니다. 지금 이 순간에도 당신을 찾아가는 예수를 만날 수 있기 때문입니다. 누구도 모르는 고통 한 가운데로, 타들어 가는 영혼의 갈증을 가진 외로움 속으로, 무한 경쟁의 전쟁터 같은 현장으로, 껍데기만 남은 종교 생활 속으로, 그리고 바쁘고 피곤한 일상 가운데로 예수는 당신을 찾아갑니다. 그분을 향해 마음을 열어보세요. 그리고 그분을 탐구해보세요.* 자신의 삶을 진실하게 마주하고, 그 속으로 찾아오는 예수를 향해 마음을 열 때, 지난 이천 년간 수많은 사람이 경험했던 신기한 일이 당신 삶에도 일어날 것입니다.

이야기는 계속됩니다

오늘도 수많은 사람이 예수를 만납니다. 그러고는 그를 만나 자신이 어떻게 변했는지 주변 사람들에게 전합니다. 이 아름다운 이야기는 끝이 없지만, 들어도 들어도 지루하지 않습니다. 이천 년 전에 예수를 만난 사람들의 이야기는 오늘날 예수를 만난 사람들의 이야기로 계속 이어지고 있습니다.**

당신의 이야기도 그 이야기 중에 하나가 되면 좋겠습니다. 그리하여 당신의 이야기가, 사랑 없는 세상을 사랑으로 채워나가시는 그분의 이야기에 소중한 한 부분이 되어, 이 신기한 이야기를 다음 세대로 이어가기를 간절히 기대합니다.

---

* 더 깊은 탐구를 위해서는 제가 쓴 『풍성한 삶으로의 초대』와 『풍성한 삶의 첫걸음』이 도움이 되기를 바랍니다.
** 『만나지 않으면 변하지 않는다』가 성경 인물편이라면, 지금 이곳, 우리의 삶의 현장에서 예수를 만난 우리 이웃들 이야기를 이어서 펴낼 예정입니다. 더 생생하게 이어지는 만남을 기대합니다.

사명선언문

너희가 흠이 없고 순전하여……세상에서 그들 가운데 빛들로
나타내며 생명의 말씀을 밝혀 _ 빌 2:15-16

1. 생명을 담겠습니다
만드는 책에 주님 주신 생명을 담겠습니다.
그 책으로 복음을 선포하겠습니다.

2. 말씀을 밝히겠습니다
생명의 근본은 말씀입니다.
말씀을 밝혀 성도와 교회의 성장을 돕겠습니다.

3. 빛이 되겠습니다
시대와 영혼의 어두움을 밝혀 주님 앞으로 이끄는
빛이 되는 책을 만들겠습니다.

4. 순전히 행하겠습니다
책을 만들고 전하는 일과 경영하는 일에 부끄러움이 없는
정직함으로 행하겠습니다.

5. 끝까지 전파하겠습니다
모든 사람에게, 땅 끝까지, 주님 오시는 그날까지
복음을 전하는 사명을 다하겠습니다.

서점 안내

광화문점   서울시 종로구 새문안로 69 구세군회관 1층
02)737-2288 / 02)737-4623(F)

강남점   서울시 서초구 신반포로 177 반포쇼핑타운 3동 2층
02)595-1211 / 02)595-3549(F)

구로점   서울시 동작구 시흥대로 602, 3층 302호
02)858-8744 / 02)838-0653(F)

노원점   서울시 노원구 동일로 1366 삼봉빌딩 지하 1층
02)938-7979 / 02)3391-6169(F)

일산점   경기도 고양시 일산서구 중앙로 1391 레이크타운 지하 1층
031)916-8787 / 031)916-8788(F)

의정부점   경기도 의정부시 청사로47번길 12 성산타워 3층
031)845-0600 / 031)852-6930(F)

인터넷서점   www.lifebook.co.kr